Jakob Marx

Denkwürdigkeiten der Dreifaltigkeit

Jakob Marx

Denkwürdigkeiten der Dreifaltigkeit

ISBN/EAN: 9783743319295

Hergestellt in Europa, USA, Kanada, Australien, Japan

Cover: Foto ©Thomas Meinert / pixelio.de

Manufactured and distributed by brebook publishing software
(www.brebook.com)

Jakob Marx

Denkwürdigkeiten der Dreifaltigkeit

Denkwürdigkeiten

der

Dreifaltigkeits- oder Jesuitenkirche

des

bischöflichen Seminars zu Trier.

Eine Festschrift

zur

Erinnerung an die Restauration und Wiederbeziehung der genannten Kirche durch das Seminar in dem Sommer des Jahres 1860.

Von

J. Marx,

Professor der Kirchengeschichte und des Kirchenrechts am bischöflichen Seminar in Trier.

Trier.

Verlag der Fr. Lintz'schen Buchhandlung.

1860.

Fr. Linz'sche Buchdruckerei in Trier.

Vorwort und Uebersicht.

Unter allen zu Trier noch bestehenden Kirchen ist keine, selbst die so alte Domkirche nicht ausgenommen, die eine so viel bewegte und von mannigfaltigen Geschicken durchwebte Geschichte hätte, wie die Dreifaltigkeitskirche. In der Mitte der Stadt gelegen ist sie allerdings nie zu einer Bastion verwendet und mit Kanonen besetzt worden, wie in dem Olevianischen Religionsaufruhr 1559 die Simeonskirche und neun Jahre später die alte Dreifaltigkeitskirche am Altthor; auch ist sie von der brutalen Verwüstung vieler Kirchen unter dem französischen Commandanten Vignory (1674), der neun Kirchen vor der Stadt mit Pulver sprengte und die Domkirche zu einem verschanzten Lager profanirte, nicht berührt worden; aber dennoch hat sie im Verlaufe von sechs Jahrhunderten so mancherlei Veränderungen und Schicksale erfahren, daß sich in ihrer Geschichte die wichtigsten Phasen der kirchlichen und politischen Zustände unsres Landes abspiegeln. Daß dem so sei, ergibt sich schon aus einer gedrängten Uebersicht der Geschichte dieser Kirche von den Tagen ihrer Erbauung bis auf diese Stunde.

Um das Jahr 1222 haben sich die ersten Brüder des Minoritenordens zu Trier niedergelassen und einen Convent an der Stelle des jetzigen Gymnasialgebäudes gegründet. In dem Jahre 1242 geschieht bereits der Kirche der Minoriten an jener Stelle Erwähnung, indem dieselben aufgefordert werden, in Uebereinstimmung mit den übrigen Kirchen der Stadt, Excommunicirte nicht zum Gottesdienste „in ihrer Kirche" zuzulassen*). Diese Kirche verblieb nun den Minoriten bis zum Jahre 1570, wo der Erzbischof Jakob von Eltz ihren Convent nach St. German in- der Neugasse versetzte und ihre bisherige Kirche den von seinem Vorgänger nach Trier berufenen Jesuiten überwies. Unter dem Titel Dreifaltigkeits- und Jesuitenkirche verblieb dieselbe nun dem Jesuitenorden bis zu dessen Auflösung im Jahre 1773. Nach der nunmehr von dem Churfürsten Clemens Wenceslaus vorgenommenen neuen Organisation des höhern und mittlern Unterrichts- und Schulwesens wurde die Kirche Collegiumskirche bis zum Jahre 1779, wo derselbe Churfürst, nach Vollendung des neuen Priesterseminars, Collegium und Seminarium vereinigte und demzufolge die Kirche Seminarkirche wurde. Als solche hat sie die schreckliche Umwälzung der kirchlichen und staatlichen Verhältnisse durch die französische Revolution in den neunziger Jahren erfahren und ist nach Auflösung des Priesterseminars im Jahre 1798 zu einem sogenannten „Vernunft"- oder „Dekadentempel"

---

*) Honth. I. p. 789.

von den religionslosen Republikanern profanirt worden. Der Dekadendienst hat sich mühsam in's vierte Jahr fortgeschleppt bis zum Abschlusse des französischen Concordats im Jahre 1801, wo diese Kirche geschlossen wurde und geschlossen blieb bis zum Jahre 1803, wo der neue Bischof Carl Mannay die concordatsmäßige Organisation des Bisthums Trier ausarbeitete. Vorläufig wurde die Kirche jetzt zur Abhaltung des Gottesdienstes für die Nachbarschaft hergerichtet, bis dahin daß der Bischof das Priesterseminar wieder hergestellt hätte, was im Jahre 1805 erfolgte, wo die Kirche im Herbste wieder von dem Seminar bezogen wurde. Seminarkirche war und verblieb sie nunmehr wieder bis zum Jahre 1817, wo ihr das Geschick, ein Simultaneum zu werden, aufgedrungen worden, bis zum Mai 1819, wo das Simultaneum in den ausschließlichen Besitz der „evangelischen Gemeinde" umgestaltet worden ist. „Evangelische Kirche" hieß sie nunmehr bis in den Herbst des Jahres 1856, wo sie, nach dem Ueberzuge der evangelischen Gemeinde in die zu einer Salvatorkirche umgestaltete Constantinische Basilika, an das Seminar wieder zurückgegeben, von diesem drei Jahre hindurch restaurirt und im Jahre 1860 wieder bezogen worden ist.

Das sind die Hauptphasen in der Geschichte dieser Kirche. Sehen wir nun, in welcher Weise dieselben herbeigeführt worden sind, was Denkwürdiges in derselben und um sie her vorgegangen ist, und verbinden wir dieses Alles, so viel thunlich, zu einem historischen Ganzen.

Indessen wollen wir aber zum voraus bemerken, daß

wir uns jetzt, wo die Kirche dem Seminar wieder zurückgegeben ist, über die Periode der Occupation derselben von 1819 bis 1856 in keine Polemik einlassen und uns aller unliebsamen Erinnerungen enthalten werden. Die Vorgänge aus jenem Zeitraume und die Debatten über die Rechtsfrage sind in mehren Druckschriften veröffentlicht und dem Publikum hinreichend bekannt, und werden wir daher über jene Periode so schnell und leise als möglich hinüber zu eilen suchen.

Berichtigung.
Auf Seite 1, Zeile 7 von oben lies Tob. statt Job.

Die Kirche unter den Minoriten
(c. 1223—1570).

Ungefähr drei Jahre vor dem Ableben des h. Franziskus von Assisi, des Stifters des Franziskanerordens, ist es gewesen, wo geistliche Söhne desselben, Minoriten genannt, sich in unserer Stadt zwischen der Brod-, der Hosen- und Weberbachstraße niedergelassen haben. Was für Gebäude vor Errichtung des Klosters an jener Stelle gestanden haben, ist schwerlich jetzt mehr ausfindig zu machen. Job Müller in seinen „Schicksalen der Trierischen Gotteshäuser" vermuthet, die Minoritenkirche möge wohl zu den ältesten Zeiten einer Pfarrei gedient haben, setzt also voraus, es habe bereits vor Niederlassung der Minoriten eine Kirche an jener Stelle gestanden, die Pfarrkirche gewesen sei, zu der ein bedeutender Theil der Stadt gehört habe und daß später die Pfarrgenossen in andre Kirchen eingepfarrt worden seien. Diese seine Vermuthung stützt er aber einzig auf Ausgrabungen von Todtengebeinen in der Nähe jener Kirche, indem er schreibt: — „wie solches dort herum verscharrete menschliche Gebeine andeuten; und die in den 1780er Jahren beim Graben der Fundamente zu einer neuen Scheuer des Seminars entdeckten steinernen Särge, in denen noch, und zwar große Bein- und Schenkelknochen gegenwärtig waren. Gewiß muß das im kleinen Gäßchen unter dem Heiland am Oelberge befindliche und mit Todtenköpfen gefüllte Loch ein pfarrkirchliches Beinhaus (Ossuarium) gewesen sein." Und an einer andern Stelle schreibt derselbe: „Die gefundenen Gräber, die sogar auch bis in den Raum der drei Seminariumshäuser an der Hauptstraße sich erstreckten, wo man bei einigem Bauen die Menschenkörper erhub, ist zu dieser Meinung nicht wenig beitragend."

Diese Indicien sind aber schwerlich ausreichend, um die Annahme einer Pfarrkirche mit Pfarrbegräbniß an dieser Stelle zu begründen. Denn es steht unbezweifelt fest, daß an mehren Kirchen der Stadt, die nie Pfarrkirchen gewesen sind, Cömeterien (Begräbnißstätten) bestanden haben. So hatte die Abtei Mettlach im Krahnen (an der Stelle des jetzigen Mutterhauses der barmherzigen Schwestern) einen Klosterhof mit einer dem h. Johannes geweihten Kirche. Von der Zeit, wo die Jesuiten diesen Hof zur Errichtung eines Noviciathauses (1602) angekauft, heißt es, das Haus sei in baufälligem Zustande und „das ehmalige Cömeterium an der St. Johanniskirche daselbst sei zu einem Pferdestalle gemacht gewesen." Ebenso hatte auch die Stiftskirche von St. Simeon ein Cömeterium, wie aus der Geschichte der Belagerung der Stadt im Jahre 1568 bekannt ist [1]); nicht minder hatte die Domkirche ein solches an seiner nördlichen Seite [2]). Insbesondere finden wir in der Geschichte aller Klöster, daß viele fromme Gläubigen sich durch Gaben, reiche Geschenke und Almosen an dieselben eine Grabstätte in der Kirche oder dem umfriebigten Beringe eines Klosters erkauften, um der Gebete und guten Werke der Bewohner des Gotteshauses theilhaft zu werden. Auch dürfte endlich zur Erklärung des Vorfindens so vieler Gebeine an dieser Stelle die große Sterblichkeit in der Mitte des vierzehnten Jahrhunderts in Betracht kommen, über die uns berichtet wird, daß zu Trier allein dreizehntausend Menschen in wenigen Jahren (1349, 1356 und 1365) weggerafft worden seien [3]). Da nämlich seit dem eilften und zwölften Jahrhunderte das ehemalige römische Gesetz, wonach nicht innerhalb der Städte beerbigt werden durfte, gänzlich außer Kraft gesetzt war und allgemein die Leichen in den Städten begraben wurden, so mußten natürlich bei einer so großen Sterblichkeit alle zu christlichen Begräbnißstätten geeigneten Plätze in Anspruch genommen werden. Aus diesen Gründen, glaube ich, darf man aus den Ausgrabungen von

---

[1]) Siehe Marx, „Geschichte des Erzstifts Trier", I. Bd., S. 461.
[2]) A. a. O.
[3]) Gesta Trevir. vol. II. p. 263.

Todtengebeinen nördlich und östlich unserer Kirche nicht auf das ehemalige Bestehen einer Pfarrkirche an jener Stelle schließen. Es kommt weiterhin dazu, daß nirgendwo, so viel bekannt, in mittelalterlichen Schriften einer Pfarrkirche an dieser Stelle Erwähnung geschieht.

Wie dem aber auch sei, jedenfalls ist die Minoritenkirche selber nie Pfarrkirche gewesen, da dieselbe gemäß ihrem Baustyle erst nach der Niederlassung der Minoriten erbaut sein muß, die Minoriten aber keine Pfarrkirchen versehen haben.

Fragen wir uns nun, wie die Kirche unter den Minoriten ursprünglich ausgesehen habe. Auf den ersten Blick ist ersichtlich, daß nicht alle Bestandtheile der jetzigen Kirche aus derselben Zeit herrühren und in demselben Baustyle gebaut sind. Streifen wir daher einmal ab, was erweislich aus späterer Zeit herrührt, und wir werden dann die ursprüngliche Kirche vor uns haben. Die jüngsten Theile sind offenbar die beiden Chorflügel, die im siebenzehnten, vielleicht auch zu Anfange des achtzehnten Jahrhunderts angebaut worden sind, bei welcher Gelegenheit die Seitenmauern des Hauptchores die fensterartigen Durchbrechungen in doppelter Reihe erhalten haben, damit durch sie die neuen Räume mit dem Hauptchore innerlich in Communication gesetzt würden. Ferner hat die Kirche ursprünglich auch das jetzige rechte Seitenschiff nicht gehabt, indem dieses erst zu Anfange des siebenzehnten Jahrhunderts von den Jesuiten aufgeführt worden ist, wie dann auch jetzt noch an den Gewölbeschlußsteinen dieses Schiffes die Embleme des Jesuitenordens (der Namenszug Jesu IHS und jener der jungfräulichen Mutter Maria IAR) zu sehen sind.

Aber die Kirche hat ferner auch, wenigstens längere Zeit unter den Minoriten, jedoch nicht bis zum Uebergange an die Jesuiten, das linke Seitenschiff nicht gehabt und hat also ursprünglich in dem einzigen Hauptschiffe und dem Chore bestanden. Dies hat sich bei den letzten Restaurationsarbeiten zur Evidenz ergeben, indem noch Ueberbleibsel der Strebepfeiler an der (ehemaligen) linken Seitenmauer des Hauptschiffes, sowohl an der Fronte außen und innen, als auch an dem Choransatze außerhalb und innerhalb der Kirche sichtbar geworden sind, und auch dicht neben der linken Pfeilerreihe im Boden noch die Fundamente der frühern Seitenmauer sich gefunden haben. Demnach war also die Kirche ursprünglich einschiffig. Indessen noch im Verlaufe des fünfzehnten Jahrhunderts, und zwar in der ersten Hälfte desselben, haben die Minoriten das linke Schiff angebaut, entweder ganz oder größtentheils aus Mitteln der Elisabeth von Görlitz, Herzogin von Luxemburg, die im Jahre 1451 zu Trier gestorben ist und ein Grabmahl im Hauptchore, rechter Seite des Hochaltares, hat, von welchem tiefer unten Rede sein wird. Dem zum Zeichen ist ihr Wappen an den Schlußsteinen des Gewölbes im linken Schiffe angebracht. Dieses Schiff hatte unter den Minoriten eine Seitenthüre in das Jesuitengäßchen, die zwar längst zugemauert, aber von außen noch ganz erhalten und jetzt wieder vollständig, mit ihren gothischen Bildernischen zu sehen ist.

Kirchen mit bloß einem Seitenschiffe scheinen bei den Minoriten etwas Gewöhnliches gewesen zu sein. Von der Minoritenkirche zu Oberwesel schreibt Lassaulx: „Die Ruinen der Kirche zeigen die seltene Erscheinung, wie nur ein Nebenschiff angelegt und vom Hauptschiffe durch übereck gestellte Pfeiler geschieden worden." Die abgerissene Franziskanerkirche zu Coblenz hatte, so wie die seit 1816 in einen Pferdestall verwandelte Franziskanerkirche zu Andernach (jetzt restaurirt zu einer protestantischen Kirche) dieselbe Einrichtung [*]).

Ohne Zweifel ist die Kirche nun auch zur Zeit der Minoriten, wenigstens im Munde des Volkes, nach dem zugehörigen Kloster, Minoritenkirche genannt worden. Eine andre Frage ist aber, welchem Heiligen sie dedicirt gewesen sei. Der schon erwähnte Müller stellt die Vermuthung auf, die seligste Jungfrau sei Patronin derselben gewesen. Sein Grund dafür ist dieser. Ueber der vorhin erwähnten Seitenthüre in dem linken Schiffe befinden sich jetzt noch drei Bildernischen, in denen noch zu Anfange des laufenden Jahrhunderts die Statuen gestanden haben, nämlich die Bildnisse des h. Bonaventura, der seligsten Jungfrau mit dem Jesukinde und

---

[*]) Rhein. Antiquar. II. Abth., 7. Bd., S. 688.

der h. Jungfrau und Märtyrerin Catharina. Nun aber könne, argumentirt Müller, der h. Bonaventura nicht Patron gewesen sein, da dieser erst 1462 canonisirt worden, die Kirche aber älter sei; die h. Catharina habe es aber wohl auch nicht sein können, indem sonst ihr Bildniß nach der kirchlichen Vorschrift zur Rechten der seligsten Jungfrau hätte stehen müssen. Aus jener Annahme nun, daß die seligste Jungfrau Patronin gewesen sei, erklärt sich Müller auch, warum die Jesuiten bei der neuen Dedication der Kirche auf den Titel der hh. Dreifaltigkeit unter den Bildnissen der Trinität das Bild der zwischen Engeln gegen Himmel auffahrenden Muttergottes auf dem Hochaltare, zur Erinnerung an die frühere Dedication, aufgenommen hätten.

Wie stand das Minoritenkloster zur Kirche? An dem Minoritenkloster befand sich, wie an jedem Kloster, ein Kreuzgang, so wie die Minoriten auch einen solchen an ihrem nachherigen Kloster in der Neugasse gehabt haben, von dem jetzt noch Theile zwischen dem Pfarrhause und der Kirche von St. Gervasius zu sehen sind. Der Kreuzgang (Odeum) eines Klosters hatte aber immer eine solche Stellung zur Kirche, daß man aus dem Kloster durch den Kreuzgang unmittelbar in die Kirche gehen konnte. Eine Seite des Kreuzganges, der ein Viereck bildete, lehnte also an die Kirche an, nahm den Raum des jetzigen rechten Seitenschiffes ein; die östliche Seite lief an dem Klostergarten her, der jetzt noch vorhanden ist, nunmehr getheilt zwischen Gymnasium und Seminar; die beiden andern Seiten nahmen die Klostergebäude ein.

Ueber die Verrichtungen der Minoriten in ihrer Kirche schreibt der Weihbischof Enen im Jahre 1517, daß sie sich durch eifrige Abhaltung des heiligen Officium und durch heilsame Predigten löblich hervorgethan hätten.

Uebergabe der Kirche an die Jesuiten.
(1570).

In Folge des Religionsaufstandes, den Caspar Olevian im Jahre 1559 durch unberufenes und aufrührisches Predigen der Irrlehren Calvins in unsrer Stadt erregt hatte, beschloß der damalige Erzbischof Johann von der Leyen, Väter des jüngst gestifteten Jesuitenordens hieher zu berufen. Im Verlaufe des folgenden Jahres trafen bereits zwölf Väter ein, von denen drei dem Predigtamte obliegen sollten, drei die Doktion der Theologie und Philosophie an der Universität und die übrigen den Unterricht und die Erziehung der studirenden Jugend auf den Gymnasialklassen übernahmen. Zur Wohnung hat ihnen vorläufig der Erzbischof das alte und verlassene Mariencollegium in der Dietrichsgasse dicht an der Universität angewiesen und ihren Unterhalt mit Geldspenden bestritten. Zehn Jahre hindurch wohnten sie in diesem Hause, konnten aber, weil ohne bleibende Fundation, ohne eine eigene Kirche und in ihrer Wohnung wie in den Schulräumen sehr beengt, nur eine beschränkte Thätigkeit entfalten. Um diesen Mängeln abzuhelfen, insbesondere um den Vätern eine für ihre Schulen gelegene Stelle, möglichst in der Mitte der Stadt, anweisen zu können, traf der Erzbischof Jakob von Eltz 1570 eine Uebereinkunft mit den Obern der Minoriten, versetzte ihren Convent vermittels einer Güterentschädigung in das Kloster zum h. German in der Neugasse und überwies das bisherige Minoritenkloster mit Kirche, Garten und Zubehör den Jesuiten. War nun auch dieses Klostergebäude bei weitem nicht zureichend für die Jesuiten eingerichtet, da keine Schullocale vorhanden waren und sie auch noch ein Noviciat zu errichten gedachten, so hatten sie aber jetzt disponibele Räume in hinreichender Ausdehnung und konnten nach und nach, so wie sie die nöthigen Mittel erhielten, ihre neue Niederlassung den Zwecken ihrer Wirksamkeit ganz angemessen herrichten. So hatten sie hier ihr Noviciat bis zum Jahre 1605, wo sie den Mettlacher Klosterhof zu St. Johann im Krahnen angekauft und zu einem Noviciathause erweitert hatten; den Classenunterricht aber ertheilten sie noch in der Dietrichsgasse bis sie in den Jahren 1610 bis 1614 ihre eigenen Schulgebäude (das jetzige Gymnasium) an dem Collegium erbaut hatten und nunmehr die Schulen aus der Dietrichsgasse hieher verlegten.

An der Kirche selber sind aber seit ihrer Uebergabe an die Jesuiten wichtige Veränderungen vorgenommen worden. Vorerst nämlich erhielt dieselbe bereits im Jahre 1570 eine neue Dedication, jene auf den Namen der hh. Dreifaltig= keit. An dem Altthore nämlich, in den Räumen der soge= nannten römischen Bäder, hatte eine alte Dreifaltigkeitskirche bis zum Jahre 1568 bestanden, die aber in dem Kriege zwischen der Stadt und dem Churfürsten in jenem Jahre von der Bürger= schaft so weit demolirt worden war, daß man an eine Wieder= herstellung derselben nicht mehr dachte*). Da nun aber der Erzbischof Jakob von Eltz den Titel der hh. Dreifaltigkeit nicht untergehen lassen wollte, so hat er denselben auf die den Jesuiten übergebene Minoritenkirche transferirt, so daß diese von nun an Dreifaltigkeits=, im Munde des Volkes gewöhnlicher Jesuitenkirche genannt wurde.

Wesentlichere Veränderungen aber hat die Kirche nunmehr zu Anfange des siebenzehnten, vielleicht schon in den letzten Jahren des sechszehnten Jahrhunderts erfahren. Nach den Jahresberichten des Jesuitencollegiums wurde 1580 eine neue Kanzel in der Kirche errichtet und die bisherige Predigt in der

---

*) Zu welcher Zeit diese alte Dreifaltigkeitskirche am Altthore aufgeführt worden sei, hat bis heran nicht ermittelt werden können. Eine Dedication von Kirchen auf den Namen der Dreifaltigkeit überhaupt kommt schon frühe vor, wie denn die Stiftungsurkunde der h. Irmina für die Kirche der Abtei Echternach aus dem Jahre 698 diesen Titel: basilica SS. Trinitatis — bereits hat. Die Angabe des Trierischen Breviers in dem Officium des h. Theodulph (15. März), wonach der h. Lutwin um das Jahr 699 den Leib dieses Heiligen von dem Berge Or bei Rheims nach Trier gebracht und „in der Dreifaltigkeitskirche am Altthore" niedergelegt haben soll, beruht auf einer Verwechselung des Rheimser Theodulph mit dem Trierischen und ist unrichtig. Die älteste bis jetzt bekannte Erwähnung der Dreifaltig= keitskirche am Altthore ist aus dem Jahre 1470 und befindet sich in einem Aktenstücke des Stadtarchivs.

Liebfrauenkirche den Dominikanern überlassen. Die nunmehrige stehende Predigt in der Dreifaltigkeitskirche, die zu derselben Zeit eingeführten Catechesen für Erwachsene und die Jugend und die große Beliebtheit der Jesuiten als Beichtväter zogen die Gläubigen in immer dichtern Massen in diese Kirche, so daß die Räume bald die Menge nicht mehr fassen konnten. Das Bedürfniß einer Erweiterung derselben mußte sich aber bei der großen Anzahl der Studirenden noch mehr heraus= stellen, indem bereits wenige Jahre nach der Uebernahme des Unterrichts durch die Jesuiten ihre Schulen tausend Schüler und darüber zählten.

Da die Jesuiten, weil keine Mönche und keiner Clausur unterworfen, einen Kreuzgang gar nicht nöthig hatten, so bot sich leicht der nöthige Raum zu einer Vergrößerung der Kirche, und mußte eine solche sich um so besser empfehlen, als die Kirche bisher nur ein Seitenschiff, zur linken Seite nämlich, gehabt hatte und unmittelbar zur Rechten des Hauptschiffes eine Seite des Kreuzganges herlief. An die Stelle dieses Kreuzgangsflügels wurde daher das nunmehrige rechte Seiten= schiff der Kirche aufgeführt und dieser dadurch eine mehr sym= metrische Vollendung gegeben. Dagegen aber hat dieselbe bei dieser Gelegenheit, was den Baustyl angeht, sehr viel eingebüßt. Das Zeitalter des Jesuitenordens, insbesondere aber eben dieser Orden, wußte die Schönheit des gothischen Baustyles nicht mehr zu würdigen. Hatte man nämlich in den Zeiten des Mittel= alters bei vorherrschender Gläubigkeit, beim Vorwiegen frommen Gemüthslebens, ein mystisches Halbdunkel in den Kirchen für die Feier der erhabenen Geheimnisse der Religion angemessen, für innere Sammlung des Herzens zu stiller Andacht förderlich gehalten; so wurde nunmehr die Verstandesrichtung vorherr= schend, wurde namentlich von dem Jesuitenorden in Schule und Kirche vorzugsweise auf Erweiterung und Aufhellung der Erkenntniß hingearbeitet, eine Richtung, die nicht verfehlte, sich auch in ihren Kirchenbauten abzuspiegeln. Um ihrer nun= mehrigen Kirche bei Aufführung des rechten Schiffes mehr Licht zu geben, wählten sie statt der schlanken gothischen Fenster, wie sie im Chore und im linken Schiffe waren, die breiten und ungetheilten Fenster, wie wir sie vor der jetzigen Restauration gesehen haben; und damit nun Gleichförmigkeit der Fenster in beiden Seitenschiffen herangebracht würde, haben sie jene des linken Schiffes auch in breite umgestaltet, das eine Fenster links des Portales vermauert und nur jene im Chore in der frühern Form bestehen lassen. Nur das Portal und die Chorfenster ließen die Kirche nach dieser Umgestaltung noch als eine ursprünglich gothische erkennen. Späterhin wurden nun auch noch durch neue Anbauten mit niedrigem Gewölbe und Seitenchören darüber die Seitenschiffe längs des Chores fortgeführt, wodurch die Kirche an Räumlichkeit noch mehr gewonnen, an Gleichförmigkeit des Styles und Gefälligkeit in der äußern Form aber noch mehr verloren hat.

Innere Einrichtung der Dreifaltigkeitskirche unter den Jesuiten.

Unter den Jesuiten hatte die Dreifaltigkeitskirche fünf Altäre, in jedem Schiffe einen und zwei an den Eckpfeilern des Chores, zu beiden Seiten der Chortreppe. Der Dreifaltigkeits- oder Hochaltar hatte nebst der bilblichen Darstellung der Trinität auch das Bildniß der Aufnahme Maria's in den Himmel. Der Altar in dem rechten Seitenschiffe — auf der Epistelseite — hatte das Bildniß des h. Ignatius, des Stifters des Jesuitenordens, und war diesem Heiligen geweiht. Der entsprechende Altar in dem linken Schiffe war dem h. Franz Xaver, dem Apostel Indiens, der Blume des Jesuitenordens, geweiht und hatte sein Bildniß. Der Altar auf der rechten Seite der Chortreppe war ein S ch u tz e n g e l a l t a r, jener auf der linken ein Altar der schmerzhaften Mutter. Die Bilder auf diesen vier Nebenaltären waren Oelgemälde, und zwar von guten Meistern, schreibt der verstorbene Müller. Außerdem waren auch die kleinen Oberchöre der Seitenschiffe mit kleinen Altären versehen, auf denen Messe gelesen wurde.

Schon die ersten Jahresberichte der Jesuiten an ihre Ordensobern nach Beziehung dieser Kirche sprechen von der großen

Anzahl der Pönitenten, die sich im Verlaufe eines Jahres einstellten, sprechen von dreizehn- bis neunzehntausend Communionen, die 1576 und in jedem der nächstfolgenden Jahre gehalten worden seien. Daher waren in der Kirche zwölf Beichtstühle, auf jeder Seite sechs, aufgestellt, zwischen denen Oelgemälde mit Darstellungen und Beispielen von Büßern aus der h. Schrift angebracht waren, gemalt von Counette. Bei Gelegenheit der Aufstellung dieser Beichtstühle ist denn auch die Seitenthüre in dem linken Schiffe, aus der Zeit der Minoriten herrührend, vermauert worden, um den nöthigen Raum für symmetrische Stellung zu gewinnen und die vielen Störungen beim Aus- und Eingehen auf dieser Seite zu verhindern.

An dem letzten Pfeiler zur rechten Seite, vor dem Schutzengelaltare, war die Kanzel angebracht.

Ueber dem Eingange in die Kirche stand ein Musikchor mit einer ziemlich ansehnlichen Orgel.

Besondere Dienste in der Dreifaltigkeitskirche.

Als besondere Dienste in dieser Kirche unter den Jesuiten verdienen erwähnt zu werden: 1) Die Catechesen zur Unterweisung und Befestigung der Jugend und der Erwachsenen in der Religion; 2) der Gottesdienst für die Marianische Sodalität; 3) die Prozession dieser Sodalität und der Bürgerschaft an dem Fastensonntage Laetare; 4) die dreitägige Anbetung unmittelbar vor dem Aschermittwoche; 5) die Charfreitagsprozession.

1) **Die Catechesen und der Catechismus des Erzbischofs Johann von Schönberg.** Zugleich mit Errichtung der neuen Kanzel mit einer regelmäßigen Predigt in der Kirche 1580 wurde auch eine stehende Catechese eingeführt. Als einst im Beginne seiner Regierung der Erzbischof Johann von Schönberg einer dieser Catechesen beiwohnte, gefielen ihm Einrichtung und Erfolg derselben so gut, daß er beschloß, solche Catechesen in der ganzen Erzdiöcese anzuordnen[*]. Die beßfallsige, in

---

[*] Metrop. Eccles. Trev. vol. II. p. 279 et 280.

lateinischer und deutscher Sprache abgefaßte, erzbischöfliche Ver=
ordnung weiset hin auf die schrecklichen Uebel, die aus Unkennt=
niß der Religion hervorzugehen pflegen und gerade damal gar
sehr um sich gegriffen hatten, und wie nothwendig es daher sei,
der Unwissenheit entgegen zu arbeiten.

„Derohalben was übrig ist, geliebte Brüder und Söhne,
redet der Erzbischof gegen Ende seine Geistlichen an, bitten
wir Euch, als welche uns der allmechtig Gott in diesem unsern
Ertzstifft als Mitarbeiter zugesetzt, durch die Barmherzigkeit
Christi Jesu unsers Herrn, daß ihr die Kleine zu Christo
führet, den Anfang unsers Christlichen Glaubens, Manier
zu betten, den Tisch zu segnen, den Inhalt der Gebott Gottes
und anderes was in Kurzer der Christlichen Lehr Inhalt be=
griffen ist, als wie man beichten, das hochwürdigst Sakrament
entfahen, wie man sich andrer christlicher Uebungen wisse zu
halten, mit einfältiger, und dem gemeinen Mann verständlicher
Manier furtraget." Zugleich mit dieser Verordnung wurde
eine kurze Anleitung zu populärem Catechesiren für die Seel=
sorger gegeben und der bisherige „kleine Catechismus" mit
Zugaben neuerdings zu Trier gedruckt [7]).

2) **Die Marianische Sodalität.** Wo die Jesuiten sich
niederließen, da errichteten sie die Bruderschaft oder Sodalität
zu Ehren der allerseligsten Himmelskönigin Maria, aggre=
girten die so aller Orten errichteten Sodalitäten mit jener zu
Rom am Mittelpunkte der Kirche, so daß alle diese einzelnen
Bruderschaften „in Europa und Indien", wie die alten
Schriften sich ausdrücken, einen großen Verein, eine
Sodalität bildeten, deren sämmtliche Glieder sich wechsel=
seitig der Früchte und des Segens ihrer Gebete und guten

---

[7]) Die Verordnung und die Methode zum Catechesiren finden sich bei
Blattau, Statuta etc. Vol. II. p. 317—327. Der von dem Erzbischof
damal veröffentlichte Catechismus führt den Titel: Trevirorum succincta
ac facilis praxis catechetica, und ist erschienen zu Trier bei Heinrich Bock
1590. Die Praxis und der Catechismus sind in deutscher Sprache. Der
Catechismus war aber auf der Grundlage jenes von Franz Coster und Peter
de Soto ausgearbeitet und ihm als Anhang die Praxis succincta etc. beige=
geben.

Werke theilhaftig machten. Eine solche Sodalität errichteten nun auch die Väter der Gesellschaft in ihrer Kirche zu Trier, und ließen dieselbe unter dem Titel: Sodalitas Nativitatis B. M. V. den 10. Juli 1610 durch den damaligen Ordens=general Claudius Aquaviva zu Rom bestätigen und mit der dortigen Central=Sodalität vereinigen. Die Errichtung für die Studirenden fällt in das Jahr 1577; im Jahre 1579 wurde die Bulle Papst Gregor XIII. in dem Gymnasium publicirt, durch welche besondre Indulgenzen den mit der römischen So=dalität unter dem Titel B. M. V. Annunciatae abscribirten Sodalitäten zugetheilt werden, mit welcher sodann 1610 die hiesige vereinigt worden ist [*]). Anfangs befanden sich zwar vielerwärts meistens nur die Schüler der Jesuiten=Collegien in diesen Sodalitäten; bald jedoch ließen sich auch Bürger in dieselben aufnehmen, wie denn eben zu Trier bereits 1608, bevor die Sodalität noch mit der römischen vereinigt war, auch andre Personen als Studirende in dieselbe aufgenommen wor=den sind. Nach einer Aeußerung des Pater Hunolt in einer seiner Predigten über diese Sodalität zu urtheilen, muß sich frühe schon der größte Theil der Bürgerschaft in diese Sodalität haben aufnehmen lassen. Denn er sagt darin: „Da ich aber nenne die Herren Bürgersodalität, müsset ihr euch nicht vor=stellen jenes Häuflein, so anjetzo (1743) diese Sodalität aus=machet, wie sie nämlich von der Herren=Sodalität, von der jungen Gesellen und übrigen Sodalitäten unterschieden ist; sondern ihr müsset euch vorstellen die ganze Stadt Trier; wei=len damalen annoch im Anfang unsrer anwachsenden Gesell=schaft nur eine einzige Sodalität aufgerichtet ware, zu Ehren der allerseligsten Himmelskönigin Maria, welche den Magi=strat, alle Herren, Bürger, junge Gesellen und sämmtliches Volk in sich begriffe; die nach der Hand zur Vermehrung der Andacht und größerer Aufmunterung der Seelen in so vielerlei unterschiedene Bruderschaften zertheilt und erweitert worden."

Diese Sodalität, bis zur Stunde noch bestehend unter dem Namen Bürger=Sodalität, hat von ihrem Beginne an ihre

---

[*]) Metrop. Eccles. Trevir. Vol. II. p. 879.

besondern Gottesdienste in der Dreifaltigkeitskirche gehabt, ist darin verblieben, auch nach Aufhebung des Jesuitenordens und dem Uebergange der Dreifaltigkeitskirche an das Seminarium, bis in das Jahr 1819, wo dieselbe in die Liebfrauenkirche verlegt werden mußte.

3) Die Prozession an dem Fastensonntage Laetare (jetzt am Pfingstmontage). Da es vom Anbeginne der Gesellschaft Jesu an ihre Hauptaufgabe war, bei ihrem ganzen Wirken in Kirche und Schule, dem Umsichgreifen der Häresie einen festen Damm entgegenzusetzen und das Volk in dem alten katholischen Glauben zu befestigen, da insbesondre die Jesuiten zu Trier ähnlichen Versuchen, wie der des Caspar Olevian gewesen, die Religionsneuerung einzuführen, durch Belehrung und Befestigung im Glauben vorbeugen sollten; so lag es für sie und die von ihnen errichtete Sodalität nahe, der Freude wegen Erhaltung des katholischen Glaubens der Stadt zu jener gefahrvollen Zeit in einer feierlichen Danksagung einen bleibenden Ausdruck zu geben. Zu diesem Ende wurde eine jährliche Prozession angeordnet, die bis auf den heutigen Tag gehalten wird. Eine Angabe über das Jahr, wo dieselbe angeordnet und zum erstenmal gehalten worden sei, habe ich nirgend finden können. Indessen vermuthe ich, daß sie sehr bald nach der Niederlassung der Jesuiten, wahrscheinlich im Jahre 1570, wo sie die Minoritenkirche erhalten haben, ihren Anfang genommen habe, indem zu Eingange des Statutenbuches der Bürger-Sodalität, das bis zum Jahre 1608 hinaufreicht, von dieser Prozession am Sonntage Laetare Meldung geschieht. Auch scheint der Jesuitenpater Hunolt in seiner schon erwähnten Predigt den Anfang derselben in die ersten Jahre nach Berufung der Jesuiten hieher zu setzen. Er sagt nämlich: „Nachdem solches (die Berufung der Jesuiten im Jahre 1560) mit göttlicher Hilf so glücklich in das Werk gerichtet, hat gemelte Prozession, welche der Ursachen halber aus der Kirche der Väter der Gesellschaft Jesu geführt wird, ihren Anfang genommen, und wird von der Zeit an von der Herren-Bürger-Sodalität nach vorher abgelegtem öffentlichen Glaubensbekenntnisse feierlich bis hierhin unterhalten, zum ewigen dankbarlichen Gedächtniß der von

Gott damalen empfangenen Gutthat und Befreiung von der einreißenden Ketzerey; um noch anjetzo zu zeigen ihre Standhaftigkeit in dem wahren alleinseligmachenden römisch=katholischen Glauben, um an den Tag zu geben ihren Eifer und ihre Bereitwilligkeit, zur Vertheidigung dieses Glaubens, wenn es erfordert würde, ihr Hab und Gut, ihr Blut und Leben aufzusetzen" *).

Daß gerade der Sonntag Laetare (Jerusalem) für Abhaltung dieser Prozession gewählt worden, während doch die Witterung zu dieser Jahreszeit (Fasten) in der Regel zu einem solchen Festzuge nicht günstig ist, davon dürfte wohl der Grund eben in dem Meß=Introitus, von welchem jener Sonntag benannt ist — „Freue dich, Jerusalem u. s. w." zu suchen sein. Ein andrer Grund ist mir wenigstens nicht bekannt.

4) Das dreitägige Gebet an den Fastnachtstagen. Eine eigenthümliche Andacht in den Jesuitenhäusern ist auch seit den ersten Zeiten des Ordens das dreitägige Gebet unmittelbar vor Aschermittwoch gewesen. Der h. Ignatius, Stifter des Ordens, erfuhr eines Tages gegen Ende seines Lebens (c. 1556) zu Rom, daß junge Leute in Macerata zur Carnevalsbelustigung eine etwas anstößige Komödie veranstaltet, die Jesuitenpatern aber, die von dem Collegium zu Loretto aus dorthin auf Mission ausgegangen waren, in einer reich verzierten Kapelle das allerheiligste Sakrament zur Anbetung ausgesetzt hätten. Hier habe man während der drei letzten Tage vor dem Aschermittwoche vierzigstündige Gebete gehalten, und das Volk, angelockt durch diese ganz neue Feierlichkeit, habe das Theater verlassen, um Jesum Christum auf dem Altare anzubeten. Diese Andacht gefiel dem Pater Ignatius so sehr, daß er wollte, dieselbe möchte jedes Jahr in den Häusern der Gesellschaft Jesu geübt werden. Ihm verdanken wir daher die feierlichen Gebete, die heutzutage an vielen Orten während der drei letzten Tage des Carnevals gehalten werden, um die Gläubigen von den Ausschweifungen und Thorheiten dieser Zeit zurückzuhalten [10]).

---

*) Siehe meine Schrift: Caspar Olevian u. s. w. S. 140—142.
[10]) Bouhours, Leben des h. Ignatius, übersetzt von v. Haza=Radlitz, S. 469 und 470.

Dieses dreitägige Gebet ist ebenfalls hier von den Jesuiten in der Dreifaltigkeitskirche eingeführt und seitdem in derselben gehalten worden, bis dasselbe 1819 nach Liebfrauen verlegt werden mußte.

5) **Die Charfreitagsprozession.** Die Jesuiten liebten es, bei Schulfeierlichkeiten von der studirenden Jugend dramatische Vorstellungen aufführen zu lassen. Aus der biblischen, der Kirchen- oder Profangeschichte wurde irgend ein wichtiges Ereigniß gewählt, mit den darin handelnden und leidenden Personen zu einem Drama bearbeitet und von den Schülern aufgeführt. Aus der Vorliebe für solche Aufführungen ist auch die Anordnung der Passionsprozession am Charfreitage hervorgegangen, welche die Jesuiten in ihrer Kirche eingeführt hatten und die auch noch nach Aufhebung ihres Ordens aus jener Kirche gehalten worden ist. Diese Prozession sollte die merkwürdigsten Personen und Ereignisse der heiligen Geschichte des Alten und des Neuen Bundes bis zum Tode Jesu anschaulich darstellen, zu welchem Ende Studenten der fünf unteren Schulen ausgewählt, entsprechend kostümirt und mit bezeichnenden Attributen versehen waren und nun in der Prozession so gestellt wurden, daß ihre Reihenfolge der geschichtlichen Zeitenfolge jener Personen entsprach, welche sie zur Anschauung bringen sollten. Daher erschien denn sogleich an der Spitze des Zuges Eva mit einem Apfelbäumchen in den Händen, um den eine Schlange gewunden, und Adam in einem Schafpelze; dann Abel mit einem Todtenkopfe in der Hand und hinter ihm Cain mit einer blutigen Keule über der Schulter; Melchisedech als Hoherpriester mit den Opfergaben Brod und Wein; Abraham mit einem entblößten Schwerte in der Hand und hinter ihm ein Engel, der Abrahams Schwert mit einem Bande zurückhielt; vor ihm Isaak mit einem Büschel Holz auf dem Rücken; Joseph, umgeben von seinen Brüdern, Moses, Aaron, Samson, mit Harnisch und einem Eselskinnbacken bewaffnet, von mehren geharnischten Philistern an eisernen Ketten geführt; Goliath mit einem großen Schwerte, David mit der Harfe, Judith mit dem abgeschlagenen Haupte des Holophernes, der Prophet Jonas in einem Wallfische, getragen

von mehren Fischern u. s. w. Den Anfang der neutestamentlichen Geschichte machte der zwölfjährige Jesus, und waren sodann die Hauptpersonen und Scenen der Leidensgeschichte bis zur Kreuzigung dargestellt.

Dieser Zug setzte sich des Nachmittags um 1 Uhr von der Jesuitenkirche aus in Bewegung, ging durch die Fahrgasse, die Jüdemergasse, die Brücken- und Fleischgasse über den Markt; weiterhin durch die Glockenstraße zu den Wälschen-Nonnen, durch die Predigergasse in die Dom- und in die Liebfrauenkirche; dann nach St. Laurentius, fort über den Weberbach zum Altthor hinaus, zum Neuthore herein und endlich durch die Neugasse zurück in die Jesuitenkirche.

Zu Anfange der achtziger Jahre des vorigen Jahrhunderts hat der Churfürst Clemens Wenceslaus eine Menge kirchlicher Gebräuche, die nicht nach dem Geschmacke des damal herrschenden Zeitgeistes waren, abgeschafft. Unter dem 19. April 1784 erfolgte eine eigene Verordnung, worin befohlen war, „daß hinführo in allen Prozessionen, sowohl in als außer Trier, die figurirten Vorstellungen abgeschafft und nur dasjenige belassen werde, was dem Sinn der Kirche und der Vorschrift des Trierischen Rituals angemessen ist[11]". Nachdem im Jahre 1790 die Schrecken der französischen Revolution in aller Welt bekannt geworden, wurde der Churfürst betroffen, erkannte, daß er in manchen Reformen zu weit gegangen sei, milderte sein früheres Verbot aller Prozessionen, die sich über eine Stunde Weges erstreckten, dahin, daß solche nach St. Matthias und zur Domkirche, wie früher, gehalten werden dürften. Eine Gestattung der figurirten Prozessionen wurde zwar jetzt nicht ausgesprochen; indessen scheint man eine stillschweigende Zulassung vorausgesetzt zu haben, indem die Charfreitagsprozession 1790 wieder wie früher gehalten worden ist und auch in den folgenden Jahren bis zum Einrücken der Franzosen im August 1794, wo dieselbe für immer unterblieben ist[12].

So lange die Klöster in unserm Lande bestanden, war für

---

[11] Blattau, statuta etc. vol. V. p. 375.
[12] Vergl. Trier'sches Wochenblatt, 1819, No. 22.

die ewige Anbetung die Einrichtung getroffen, daß die Tage des Jahres auf die Pfarrkirchen des Erzstifts vertheilt waren, während der Nacht dagegen die Anbetung in den Kloster- und Stiftskirchen, bei verschlossenen Thüren, von des Abends 5 Uhr bis Morgens 6 Uhr gehalten wurde. Jedes Vierteljahr kam daher die Reihe der nächtlichen Anbetung an jede Kloster- oder Stiftskirche. Demgemäß fand am 6. der vier Monate, Januar, April, Juli und Oktober, diese Anbetung in der Dreifaltigkeitskirche des Jesuiten-Collegium statt.

Nach Auflösung der Klöster und Stifte und der neuen Circumscription des Bisthums Trier im Jahre 1803 wurde in der erneuerten Ordnung für die ewige Anbetung der 9. Januar der Dreifaltigkeitskirche zugetheilt, an welchem Tage sie demnach auch in Zukunft in derselben gehalten wird.

Wohlthäter der Dreifaltigkeitskirche und merkwürdige Grabstätten in derselben.

Haben auch viele Kirchengesetze verboten, innerhalb der Kirchen Leichen zu beerdigen und die Gestattung von der besondern Erlaubniß des Bischofs abhängig gemacht, so waren doch zu Gunsten solcher Personen, die sich um die Kirche besonders verdient gemacht hatten, Ausnahmen gestattet, und wurden Geistliche, Patrone, obrigkeitliche Personen und Wohlthäter der Kirchen meistens in den Kirchen beerdigt. Ein allgemeines Verbot in Kirchen zu beerdigen ist in unserm Lande erst in den Jahren 1777 und 1778 unter dem Churfürsten Clemens Wenceslaus ergangen[13]). An der Dreifaltigkeitskirche hatten die Minoriten ihrer Zeit ein Cömeterium, wie wir oben gehört, so wie auch die Dominikaner ein solches an ihrer Kirche gehabt haben. Mit diesem befassen wir uns aber hier nicht weiter, sondern wollen nur berichten von namhaftern Wohlthätern, die eine Grabstätte in der Kirche erhalten haben. Ob bei dem Uebergange der Dreifaltigkeitskirche an das Se-

---

[13]) Marx, Geschichte des Erzstifts Trier, I. Bd., S. 461—464.

minar bei Aufhebung des Jesuitenordens ein neuer Fußboden in dem Haupt- und in den Nebenchören gelegt worden ist, habe ich nicht ausfindig machen können; wohl aber muß ich dies vermuthen, da unter den Jesuiten viele Grabsteine mit Inschriften in dem Boden gelegen haben, die bereits längst verschwunden sind. Von allen frühern Grabdenkmälern der Kirche ist nur ein einziges mehr vorhanden, das der Elisabeth von Görlitz, Herzogin von Luxemburg und Gräfin von Chiny, in dem Hauptchore, rechts vom Hochaltare in der Mauer, das aber auch fast hundert Jahre mit Mörtel gänzlich überkleistert war, bis es bei der Restauration der Kirche 1858 wieder aufgedeckt und in seinen schadhaften Theilen hergestellt worden ist. Da wir aber, um die Merkwürdigkeit dieses einzigen Grabmahls nach Gebühr darstellen zu können, wenigstens eine Skizze des Lebens der Elisabeth geben müssen, so versparen wir die Besprechung desselben für den Schluß dieses Kapitels, obgleich dasselbe der Zeit nach (es ist aus dem Jahre 1451) an die Spitze gehörte.

1) **Ludwig von Toledo**, Commandant der spanischen Truppen zu Trier († 1555). Der Markgraf Albrecht von Brandenburg hatte im Nachsommer 1552 das Trierische Gebiet zum Schauplatze seiner Räubereien und Verwüstungen gemacht, während Kaiser Carl V sich anschickte, die Stadt Metz dem deutschen Reiche wieder zu erobern, welche die protestantischen Fürsten verrätherisch den Franzosen in die Hände gespielt hatten. Vor dem Herannahen der kaiserlichen Truppen zog Albrecht sich aus dem Trierischen zurück, wogegen der Kaiser bei der Belagerung von Metz zugleich das Trierische besetzte, um von dieser Seite sich hinreichende Zufuhr zu sichern. Der Winter nahete aber heran, ohne daß Carl die Festung Metz erobern konnte, und mußte er seine Truppen die Winterquartiere, meistens im Trierischen, beziehen lassen. Viele Soldaten, meistens Spanier, kamen schon krank oder verwundet zu Trier an, und es blieb fortan eine kaiserliche aus spanischen Truppen bestehende Besatzung zu Trier bis in den Sommer 1555. Commandant dieser Besatzung war Ludwig von Toledo unter dem Herzog von Alba, dem der Kaiser, von Metz abziehend, den

Oberbefehl über die Armee übertragen hatte. Welche Wohlthaten der Commandant dem Minoritenconvente und seiner Kirche erwiesen hat, darüber haben wir zwar keine nähere Kunde; daß er sich aber gegen diese Kirche wohlthätig erzeigt haben müsse, können wir allein aus der Thatsache schließen, daß ihm 1555 ein Begräbniß in dieser Kirche gewährt worden ist [14]).

2) **Der Erzbischof Jacob von Elz** († 1581). Dieser Erzbischof ist es gewesen, der den Jesuiten die (bisherige) Minoritenkirche überwiesen und ihr den Titel Dreifaltigkeitskirche gegeben hat. Außerdem hat er sich während seiner ganzen Regierung den Jesuitenvätern und insbesondre ihrer Kirche wohlthätig erwiesen. Wenige Tage vor seinem Tode, Samstags vor Dreifaltigkeit des Jahres 1581, bereits sehr schwach von Alter und Kränklichkeit, hat er die hh. Weihen in der Dreifaltigkeitskirche ertheilt, sich Schwäche halber auf seinen Stab stützend. Ganz neue Kirchengewänder und ein schönes Altartuch hatte er in die Kirche bringen lassen, die er, nach Beendigung der heiligen Handlung, der Kirche schenkte. Sieben Tage danach ist er gestorben. Um seine Leiche noch einige Tage unverwesen zu erhalten, hat man sie ausgeweidet, und sind Herz, Lunge, Leber und die übrigen Eingeweide von den Vätern der Gesellschaft Jesu, die dem Sterbenden beigestanden hatten, aus Liebe zu ihrem Vater und großen Wohlthäter herübergenommen und in ihrer Kirche, rechter Seite des Hochaltares, neben dem Grabmahle der Elisabeth von Görlitz, in der Mauer beigesetzt worden [15]).

3) **Bartholomäus Bodechem** († 1609). Bodechem, aus Delft gebürtig, Canonicus in dem Stifte St. Simeon, hat dreißig Jahre hindurch das Amt eines Officials ehrenvoll bekleidet, zehn Jahre dem Erzbischof Lothar von Metternich in der geistlichen Regierung zur Seite gestanden. Während seines

---

[14]) Gest. Trevir. Vol. III. p. 16. Brow. Annal. Trev. libr. XXI. n. 80—90.

[15]) Brow. Annal. Trev. libr. XXII. n. 49.

ganzen Lebens dem Jesuitencollegium in besondrer Liebe zugethan, hat er in seinem Testamente demselben seine ganze reiche Bibliothek geschenkt und dazu seine übrige Hinterlassenschaft, im Betrage von zehntausend Rthlrn. vermacht. Aus Dankbarkeit haben ihm die Väter der Gesellschaft linker Seite des Hochaltars in ihrer Kirche eine Grabstätte gegeben [16]).

4) **Der Erzbischof Lothar von Metternich** († 1623). Lothar von Metternich war ebenfalls ein großer Gönner des Jesuitencollegium, indem er demselben jährlich tausend Gulden aus den Einkünften der Hofkammer auszahlen ließ und nebstdem Getreide und Wein nach Bedürfniß lieferte. Jesuitenväter haben ihm die letzten Tage an seinem Sterbebette beigestanden und aus Dankbarkeit gegen ihren Wohlthäter sein Herz vor dem Hochaltare in ihrer Kirche zur Erde bestattet [17]).

5) **Ein Herr von der Ecken mit seiner Gattin.** Eine Nonne zu Clarissen in Trier, Crispina von Manderscheid, hat im Jahre 1630 einige Notizen über ihre Familie niedergeschrieben, in denen es heißt. „Es ist hierbey zu wissen, daß unser Anichvater von der Ecken mit der Anichmutter von Erborff liegen begraben und in Personen auff den Grabsteinen ausgehauen bei den Jesuittern zur h. Dreisaltigkeit in der h. Muttergottes Chörchen zur Seiten ihres Altars, wo man zum hohen Altar geht" [18]).

6) **Das Leichenbegängniß der großen Büßerin Margaretha Dockem** (Dockenheim) **in der Dreifaltigkeitskirche 1612.** Diese Margaretha ist wahrscheinlich nicht in der Dreifaltigkeitskirche, sondern in der von ihr hinter ihrem Hause erbauten St. Annenkapelle begraben worden. Wenn wir aber dessen ungeachtet ihr in der Dreifaltigkeitskirche abgehaltenes Leichenbegängniß hier besprechen, so geschieht dies wegen der außerordentlichen Merkwürdigkeit jener Person, die sich auch in

---

[16]) Reiffenb., Hist. Soc. Jesu prov. Rhen. infer. pag. 431.
[17]) Brow. Annal. Trev. libr. XXIII. n. 158.
[18]) Die Herren v. Ed waren eine angesehene Trierische Familie, besonders bekannt durch den gelehrten Official des Erzbischofs Richard von Greiffenclau, Johann von der Ecken.

ihrem Leichenbegängnisse ausgeprägt findet. Wollten wir diese Margaretha nach ihrem ganzen Leben mit **einem Worte** bezeichnen, dann müßten wir sagen: sie war eine **Magdalena**, im Bösen wie im Guten. Sie war eine große Schönheit, eine große Sünderin, eine große Büßerin. Gebürtig in Belgien von protestantischen Eltern wurde sie auch einem protestantischen Manne zur Ehe gegeben, der aber, ohne alle andre als pur sinnliche Liebe zu ihr, von ihrer reizenden Schönheit schändlichen Gewinn suchend, dieselbe, ungeachtet ihres Widerstrebens und Weinens, andern Männern zur Prostitution preis gab. So kam sie denn endlich an einen Officier aus einer sehr angesehenen Familie, lebte mit diesem mehre Jahre in Unzucht, und fand sich nun aus Belgien herüberkommend zu Trier ein, wo sie ebenfalls durch ihre glänzende Schönheit, reiche und üppige Kleiderpracht großes Aufsehen machte und mehre Officiere berückte. Um diesem Scandale entgegenzuwirken, verfügte sich der damalige Domprediger, ein Jesuit, zu der Person und rieth ihr, zuweilen die Predigt zu besuchen. Dieselbe folgte dem Rath und wurde in der ersten Predigt, die sie hörte, so erschüttert, daß sie vor innerer Unruhe nicht mehr wußte, was sie anfangen sollte. Ihr bisheriges Leben aufgeben, fiel ihr schwer; dasselbe fortsetzen, gefährlich; bis dann der Pater Machern, ein seeleneifriger Mann, zu ihr hintrat und mit ergreifenden Worten sie derart zerknirschte, daß sie mit Paulus ausrief: „**Herr, was willst Du, daß ich thun soll?**" „Buße, Buße, verlange ich, war die Antwort; wenn du der Magdalene in Verirrung gefolgt bist, so folge ihr nun auch in der Buße".

Und in der That, es erfolgte jetzt eine so wunderbare Bekehrung, ein so strenges Bußleben eine lange Reihe von Jahren, daß die hohen Tugenden der Margaretha ihre früheren Verirrungen wie in tiefer Vergessenheit in der ganzen Stadt begruben und am Ende ihres Lebens nur mehr ihrer ungewöhnlichen Tugendübungen gedacht wurde. Sofort legte sie ihren reichen Schmuck an Kleidern und Geschmeiden ab, im Werthe von mehren tausend Gulden, und verschenkte sie an die verschiedenen Kirchen der Stadt. Sie kleidete sich selber fortan so einfach, daß sie eben nur nicht schmutzig und zerlumpt aussah. Ebenso frugal richtete sie ihren Tisch ein und speiste nie mehr, ohne mehre Arme von ihrem Tische zu nähren; ihre Gerichte bestanden nur mehr in Gemüsen und Hausbackenbrod, und selbst von diesen bis zur Sättigung zu genießen gestattete sie sich kaum. Um ihren Leib trug sie ein hartes Cilicium, schnitt die Sohlen an ihren Schuhen großentheils weg, um unbemerkt von den Augen der Menschen barfuß über Erde und Steine zu gehen. In ihrem Hause am Pferdemarkt sammelte sie Arme, Kranke und Preßhafte aller Art, um sie zu verpflegen und das Ihrige mit ihnen zu theilen, und hat solche öfter Monate lang unterhalten. Viele unglückliche Weibspersonen, die lange Jahre in dieselben Verirrungen, wie sie selber, verstrickt gelebt hatten, haben ihr ihre Rettung zu verdanken gehabt. Nicht zufrieden damit, solche Werke der Liebe in ihrem Hause zu üben, suchte sie Unglückliche und Leidende in der ganzen Stadt auf, und war Keiner so von Schmutz und Geschwüren bedeckt oder so ärmlich gelagert, den sie nicht gern besucht, mit Geld, Leinwand und Nahrung versehen, zu dessen Seelenheil sie nicht mitgewirkt hätte.

So eifrig war sie in Liebesdiensten gegen die Menschen; aber ebenso eifrig bethätigte sie ihre Liebe zu Gott. An Vormittagen widmete sie sieben Stunden dem Gebete, und zwar nicht selten auf einer und derselben Stelle knieend; Nachmittagsstunden waren der Arbeit bestimmt. Und da sie in feinen weiblichen Arbeiten, Stickereien, geschickt war, wie keine andre Person; so sammelten sich um sie her vornehme und bürgerliche Frauenzimmer der Stadt, um sticken zu lernen; jedoch mußten diese ihr versprechen, mit dieser Kunst nicht der Eitelkeit dienen zu wollen, sondern Gott und den Kirchen ihre Arbeiten zu weihen, und hat sie auch im Verlaufe von dreißig Jahren in ihrem Hause und unter ihrer Anleitung kein andres Arbeitsstück anfangen lassen. Die feinsten Stickereien hielten sie aber nicht ab, öfter ganz zerlumpte Bettler von der Straße in ihr Haus zu ziehen und ihnen ihre Kleider auszubessern. Und ferner, damit sie um so besser dem Gottesdienste nach Wunsch beiwohnen könnte, hat sie hinter ihrem Hause eine St. Annenkapelle erbaut und

Revenuen für zwei Priester zu zweimaligem Gottesdienste am Morgen und Nachmittage damit verbunden [19]).

Drei Dinge führte Margaretha beständig im Munde, den Preis der göttlichen Erbarmung, das Elend des Sündenfalles und die Wege der Wiedererhebung.

So lebte Margaretha dreißig Jahre nach ihrer Bekehrung zu Trier. Den Vätern der Gesellschaft Jesu, denen sie nebst Gott ihre Bekehrung verdankte, hat sie durch Testament Alles vermacht, was nach Abzug von Legaten an sechszig Wittwen und Waisen, acht Klöster und Stiftung eines ewigen Almosens übrig geblieben sein würde. In der Dreifaltigkeitskirche wurde ihr Leichenbegängniß unter dem Zusammenströmen von Menschen aller Stände gehalten. Statt aller Klagelieder hörte man nur das Weinen der Wittwen und Waisen, statt der Grabmusik die Lobsprüche der Volksmenge, in der man sich die glänzenden Beweise von Bußgeist und Frömmigkeit preisend erzählte [20]).

7) **Der Jesuit Friedrich v. Spee** († 1635). In dem Chore des rechten Seitenschiffes, in einer jetzt verschlossenen Leichengruft der Jesuiten, liegen in einfachem hölzernen Sarge die Gebeine eines Mannes, der einer der größten Wohlthäter der Menschheit gewesen ist, der, wie der berühmte v. Görres schreibt, „sich nicht eine, sondern eine zehnfache Bürgerkrone verdient hat"; es ist der Jesuit Friedrich Spee, der Dichter der lieblichen Lieder der „Trutznachtigall" und, was weit mehr wiegt, der Verfasser der „Cautio criminalis", des berühmten Buches gegen die schrecklichen Hexenprozesse, das, bei mäßigem Umfange, ein großes Ereigniß für fast ganz Europa gewesen ist. Ein Leichenstein in der Dreifaltigkeitskirche, den

---

[19]) An dieser Kapelle haben sich nach dem Jahre 1675 die Cisterzienser Nonnen von Löwenbrüden niedergelassen, nachdem ihr Kloster von den Franzosen gänzlich zerstört worden war. Daher denn seit genanntem Jahre an jener Stelle das St. Annenkloster bis zum Jahre 1803, nunmehr Freimaurerloge.

[20]) Brow. Annal. libr. XIII. n. 83. Da die Margaretha im Jahre 1612 gestorben ist, dreißig Jahre nach ihrer Bekehrung und auch vor dieser schon einige Zeit in Trier gelebt hat, so wird ihre Ankunft dahier um das Jahr 1580 stattgefunden haben.

bescheidenen Ordensmann in Lebensgröße darstellend, in der einen Hand ein Buch haltend „Trutznachtigall" und der andern ein Buch „Cautio criminalis", würde an wahrem Verdienste unzählige Denkmäler von glänzendem Marmor weit überstrahlen. Können wir nun auch dem trefflichen Manne kein seiner Verdienste würdiges Denkmal setzen, so wollen wir aber unser Scherflein dazu beitragen, daß er in der Nähe jener Kirche, die seine Asche birgt, besser gekannt und gewürdigt werde.

Friedrich v. Spee war geboren zu Kaiserswerth im Jahre 1591, aus dem adeligen Geschlechte von Langenfeld, und ist im Jahre 1610 in den Jesuitenorden eingetreten. Seine Studien und ascetischen Vorbereitungen auf die mannigfaltigen Verrichtungen seines Berufes hatte er eben vollendet, als zu den schrecklichen Hexenproceduren, wo Tausende von Menschen in ganz Deutschland den Feuertod erlitten, nun auch noch die Gräuel des dreißigjährigen Krieges einbrachen, so daß Spee's öffentliches Wirken in die verwirrteste und traurigste Zeit der deutschen Geschichte fällt. Spee besaß eine große Gewandtheit im Umgange mit Menschen jeden Standes und Ranges, wußte mit ungewöhnlich feinem Takte einen Jeden nach seinem Stande, Charakter und Temperamente zu behandeln, die Herzen Aller sich zu gewinnen und sie zu lenken. Um das Jahr 1627 treffen wir ihn in Niedersachsen, das der kaiserliche Feldherr Tilly dem Feinde wieder abgewonnen hatte, wo es dem Spee durch freundliches und mildes Auftreten gegenüber den Häretikern gelungen ist, in Zeit von wenigen Monaten die Stadt Peina zum katholischen Glauben wieder zurückzuführen. Unermüdet reiste er in der Umgegend umher, hielt jeden Sonntag an verschiedenen Orten Gottesdienst mit Predigt, da es an katholischen Geistlichen in jener Gegend fehlte. Auf einem dieser Missionsgänge wurde er, auf Anstiften der Häretiker, in einem Walde überfallen und schwer mißhandelt, indem er aus fünf Wunden am Kopfe und zweien auf dem Rücken blutete und nur wie durch ein Wunder den Händen des gedungenen Mörders entronnen ist. Bluttriefend und sehr matt kam er an seiner Station an und begann die Abhaltung des

Gottesdienstes; als er während der Messe predigen wollte und das Evangelium verlas: „Der gute Hirt läßt sein Leben für seine Schafe" — fiel er entkräftet und wie ein Sterbender nieder. Unter sorgfältiger Behandlung hat er sich dann aber wieder erholt, obgleich er die Tage seines Lebens noch Nachwehen von jenen Wunden in häufigen Kopfschmerzen und Schwindel empfunden hat.

In den Jahren 1628 bis 1631 wirkte er in Franken, namentlich in Würzburg, in der Seelsorge und wurde ihm hier die traurige Pflicht auferlegt, die wegen Zauberei Verurtheilten als Beichtvater zum Tode vorzubereiten und auf ihrem letzten Gange zu begleiten. Nach seiner eigenen Aussage hat er in nicht ganz drei Jahren nicht weniger als zweihundertmal den schrecklichen Weg zum brennenden Scheiterhaufen machen müssen. Was das Herz des edeln Mannes während dieser Zeit gelitten habe, davon konnte das gänzliche Ergrauen seines Haares, in einem Alter von erst einigen dreißig Jahren, Zeugniß geben. Als Beichtvater der wegen Anklage auf Zauberei zum Feuertode Verurtheilten erfuhr er, welche übermenschliche Qualen auf der Folter denselben endlich das Geständniß eines Verbrechens, dessen sie nicht schuldig waren, abgepreßt hätten, indem der Tod in den Flammen ihnen erwünschter erscheinen mußte, als die endlosen Qualen der Folter. Und diese seine Erfahrung durfte er Niemanden offenbaren, wurde um alle Welt von den Verurtheilten gebeten, ja nicht zu sagen, daß sie unschuldig seien, indem sie sonst unfehlbar wieder auf die Folter gebracht und so lange gequält worden sein würden, bis sie abermal das Schuldbekenntniß abgelegt hätten. Mit dem tiefsten Mitleid, mit herzzerreißendem Gram hatte er dann die Unglücklichen, von deren Unschuld er überzeugt war, zum Scheiterhaufen zu begleiten und den schrecklichen Tod zu sehen und mitzufühlen, den sie sterben mußten. Je länger Spee seiner traurigen Pflicht oblag, desto mehr häuften sich bei ihm die Erfahrungen, desto mehr bestärkte sich bei ihm die Ueberzeugung von der Unschuld vieler, ja fast aller Verurtheilten. Er sah sich nach der peinlichen Gerichtsordnung um, die Kaiser Carl V. dem Reiche gegeben hatte, und fand, daß die Richter in wesentlichen Punkten dieselbe zum Verderben der Angeklagten überschritten. Er unterredete sich mit den Richtern und gewahrte unverantwortliche Leichtfertigkeit in dem Gerichtsverfahren; er las Verhörakten und entdeckte blindes Zufahren in den Proceduren, in denen es sich um das Leben vieler Menschen, um die Ehre und zeitliche Wohlfahrt vieler Familien handelte.

Was aber sollte Spee nun anfangen? Seine Ueberzeugung von der Unschuld so vieler Opfer des zum Wahnsinn gesteigerten Hexenglaubens, von dem leichtsinnigen, verstand- und gefühllosen Verfahren der Richter, in seiner Brust verschlossen zu halten, das konnte, das durfte sein edles Herz, seine Wahrheits-, Rechtsund Menschenliebe nicht ertragen. Aber nun vor die Richter oder die Obrigkeiten hinanzutreten, seine Erfahrungen und seine Ueberzeugung auszusprechen, auch nur zu größerer Vorsicht zu rathen, würde nicht nur nichts gefruchtet, sondern ihn selbst sofort in den Verdacht der Zauberei und damit auf die Folter gebracht haben, und was dann das Ende gewesen sein würde, war vorauszusehen, Tod auf der Folter oder in den Flammen. Einige Zeit vor Spee hatte der Jesuit Matth. Tanner in einer Schrift nur zu größerer Vorsicht in den Hexenproceduren gemahnt; und was diese Ermahnung bei den Richtern gewirkt hatte, hörte Spee aus ihrer Drohung: „**Hätten wir den Kerl, wir würden ihn sofort auf die Folter spannen.**" Fürsten, fürstliche Räthe, Obrigkeiten, Richter und Volk, Gelehrte und Ungelehrte, waren, mit wenigen Ausnahmen, von dem Hexenwahne verblendet, und die Wenigen, die heller sahen oder an der Sache zweifelten, wagten es nicht, den Mund zu öffnen. Unter solchen Umständen war es eine kühne, aber auch um so preiswürdigere That von Spee, daß er 1631 seine Schrift Cautio criminalis im Drucke erscheinen ließ, den Autor derselben nur im Allgemeinen als einen „**katholischen Theologen**" bezeichnend. Mit dieser Schrift trat er an die Fürsten Deutschlands, Obrigkeiten und ihre Räthe, die Beichtväter und die Richter hin, zeigte ihnen, welch ein Gräuel von Aberglauben, Thorheit, Ungerechtigkeit und Unmenschlichkeit sich in dem Verfahren gegen die der Zauberei Angeklagten zusam=

mengehäuft habe, und wie unverantwortlich bisher Obrigkeiten und Richter in dieser Angelegenheit in Deutschland zu Werke gingen. Das Verfahren legt er in allen seinen Mängeln und Verkehrtheiten offen, deckt die oft so schmutzigen Quellen der Anklagen von Personen auf Zauberei auf, und schildert die schrecklichen Qualen der Folter, die den unschuldigsten Menschen dahin bringen müßten, jeglichen ihm zur Last gelegten Verbrechens sich schuldig zu erklären, um durch den Tod den Qualen ein Ende zu machen. Dann beschwört er alle Obrigkeiten bei dem Richterstuhle des allwissenden und allmächtigen Richters, daß sie wohl zusehen und reiflich prüfen möchten, was er hier geschrieben habe, und erinnert sie, daß, wenn alle Menschen über jedes unnütze Wort vor dem Richterstuhle der Ewigkeit Rechenschaft ablegen müßten, was dann erst mit solchen blutigen Thaten geschehen müsse, deren Obrigkeiten und Richter sich bisher schuldig gemacht hätten.

Die Schrift machte, wie zu erwarten stand, großes Aufsehen in Deutschland, wurde so schnell aufgekauft und so begierig gelesen, daß schnell mehre neue Auflagen und Uebersetzungen erfolgten. Spee, der sich beim Erscheinen der ersten Ausgabe der Schrift noch in Würzburg befand, hatte an dem jungen Domherrn Johann Philipp von Schönborn, nachmaligen Churfürsten von Mainz, einen theilnehmenden Freund gefunden. In einer vertrauten Stunde fragte der Domherr den noch jungen Spee um die Ursache des so frühen Erbleichens seiner Haare; und Spee öffnete ihm sein von Kummer und Gram zerrissenes Herz und bekannte sich dem Freunde auch als den Verfasser der Cautio criminalis. Johann Philipp, auf den Sitz von Mainz erhoben, war der erste Fürst, der die Hexenprozesse in seinem Lande eingestellt hat. Seinem Vorgange sind die Herzoge von Braunschweig gefolgt und später die meisten Fürsten Deutschlands. Spee's Schrift hatte Tausenden von Menschen die Augen geöffnet, hatte so siegreiche Erfolge in dem Kampfe gegen den Hexenwahn erkämpft, daß seinem Auftreten hauptsächlich die endliche Befreiung von einem der schrecklichsten Uebel, die jemal Deutschland heimgesucht haben, zu verdanken ist.

Nicht lange nach dem Erscheinen der Cautio criminalis muß Spee aber auch Würzburg verlassen haben; denn er wirkte nach dem Jahre 1631 noch in Paderborn und Cöln und ist dann nach Trier gekommen, wo ihm ein neues Feld eröffnet wurde, seine große Menschenliebe und Opferwilligkeit in glänzendem Lichte zu zeigen. In den Wirren des dreißigjährigen Krieges hatte der Churfürst Philipp Christoph das Erzstift unter den Schutz Frankreichs gestellt und 1633 eine französische Besatzung in die Stadt aufgenommen. In kurzer Zeit erlernte Spee nunmehr die französische Sprache, um kranken Soldaten in den Lazarethen beistehen und die Sakramente spenden zu können. Im Sommer 1635 überrumpelten die Spanier von Luxemburg aus die französische Besatzung in der Frühe des Tages; ein furchtbares Gemetzel entspann sich in den Straßen zwischen den Franzosen und den eindringenden Spaniern, und nun war es Spee wieder, der an der Spitze seiner Ordensbrüder in den Straßen erschien, durch Intercession bedrohte Häuser vor Plünderung bewahrte, unter dem Getümmel der Waffen und von Kugeln umsaust sterbenden Soldaten die Absolution ertheilte, schwer Verwundete auf seinen Schultern in Sicherheit brachte. Nachdem die Besatzung sich den Spaniern ergeben hatte, war Spee unausgesetzt thätig, verwundete Soldaten in die Lazarethe zu schaffen, ihre Wunden auszuwaschen und zu verbinden. Dann ging er in der Stadt um, bei den Bürgern Kleidungsstücke und Bettzeug für die Entblößten sammeln, erwirkte bei dem spanischen Commandanten für viele Franzosen Pardon und selbst die Freilassung in ihre Heimath. In einem Gefängnisse saßen indessen noch über vierhundert französische Kriegsgefangene eingeschlossen, die bereits einige Tage ohne Speise und Trank gewesen waren; auch hier stellte sich Spee an die Spitze der Männer, die bei den wohlhabenden Bürgern Brod sammelten und an dem Marktbrunnen Wasser schöpften, um mit eigenen Händen die schmachtenden Soldaten zu erquicken, und sie dann gestärkt nach einigen Tagen an die Schiffe begleiteten, auf denen sie forttransportirt wurden. Bei fortgesetztem Besuchen der Fieberkranken in den Hospitälern wurde Spee zuletzt selbst vom Fieber ergriffen und starb den 7. August im Jahre 1635, in einem Alter von 44 Jahren, in dem Collegium zu Trier, als ein Opfer seiner edeln Menschenliebe. In einfachem Sarge, bloß mit der Aufschrift: „Friedrich Spee" — sind seine Gebeine in der Gruft der Dreifaltigkeitskirche beigesetzt worden. Spee ist auch berühmt als Liederdichter. Auf der Stadt= bibliothek befindet sich aus dem ehemaligen Jesuitencollegium seine Handschrift der „Trutznachtigall", in welcher er zarte Lieder der Gottesminne gesungen hat. Die Handschrift hat kleine und feine Züge, so daß man sie für eine Frauenhand halten könnte. Wie war es möglich, könnte man fragen, daß ein Mann, dessen Herz hundert= und hundertmal durch den Anblick der schauerlichsten Scenen grausamer Verbrennung unschuldiger Menschen zerrissen, von Mitleid, Kummer und Gram in die tiefsten Tiefen durchwühlt worden, der das unermeßliche physische und moralische Elend des dreißigjährigen Krieges in den schrecklichsten Gestalten gesehen und empfunden hat, daß dieser, sage ich, sich noch eine solche Zartheit der Empfindung bewahren konnte, wie sie uns aus den Liedern seiner „Trutznachtigall" entgegenlächelt! Gewiß haben nicht wenig dazu beigetragen sein Amt als Beichtvater und die geistige Sammlung, die ihm die Ordensdisciplin gewährte, und das Gebet des frommen Mannes. Als Beichtvater hatte er den Trost, die unschuldig Verurtheilten mit Gott zu ver= söhnen, ihnen die Versicherung zu geben, daß sie bei Gott einen gerechtern und barmherzigern Richter finden würden, als bei den Menschen; in dem Gebete aber goß er seinen Kummer vor Gott aus und Friede kehrte in seine Seele zurück und legte die von den Stürmen des Lebens aufgewühlten Wogen seines Herzens zur Ruhe. Schließlich dürfen wir auch nicht unerwähnt lassen, daß es auch eben das Amt eines Beicht= vaters gewesen ist, dem Spee alle jene Erfahrungen und Einsichten in das Hexenwesen verdankte, durch welche er in Stand gesetzt worden ist, den Kampf gegen dasselbe zu begin= nen und die Menschheit von einem der schrecklichsten Uebel zu befreien.

Das Grabmahl der Elisabeth von Görlitz, Herzogin von Luxemburg († 1451).

Auf der rechten Seite des Hochaltares befindet sich in der Mauer ein Grabmahl, ein Wappenschild, gehalten von einem Engel, und darunter eine Inschrift. Es ist das Grabmahl der Elisabeth von Görlitz, Herzogin von Luxemburg, die im Jahre 1451 den 3. August zu Trier gestorben ist und an dieser Stelle ein Grab erhalten hat.. Dieses Grabmahl war in letzter Zeit, wahrscheinlich seit einem Jahrhundert oder noch länger, ganz mit Mörtel überkleistert und unsichtbar; wie denn Müller, dessen Anschauungen und Erinnerungen bis in die siebenziger Jahre des vorigen Jahrhunderts zurückreichten, im Jahre 1818 schrieb: „In dieser Kirche (der Dreifaltigkeitskirche) liegt die Herzogin von Lützemburg, Elisabeth von Görlitz, welche daselbst am 3. August 1451 gestorben ist, begraben, ohne daß heut zu Tage ein Denkmahl noch Inschrift von der= selben sichtbar wäre"[21]. Als bei der von dem Seminar 1857 begonnenen Restauration der Kirche auch eine Verputzung der Mauern vorgenommen wurde, trat das Monument wieder zum Vorschein, zwar mit einigen Beschädigungen, die aber sodann in dem ursprünglichen Style wieder hergestellt worden sind. Die Grabschrift lautet aber in deutscher Uebersetzung:

„Hier ruhet die durchlauchtigste Frau Elisabeth v. Görlitz, Herzogin von Baiern und Luxemburg, Gräfin von Chiny, Tochter des erlauchtesten Herrn Johann, Herzog von Görlitz und Markgraf von Brandenburg, Halbbruder des glorreichsten Fürsten Sigismund, des römischen Kaisers und Königs von Ungarn und Böhmen, die gestorben ist in dem Jahre des Herrn 1451 an den dritten Nonen des August, deren Seele in Frieden ruhen möge. Amen"[22].

---

[21] Trier. Wochenblatt, 1818, No. 7.

[22] Hic pausat illustrissima domina Elizabetha de Gorlitz Bavariae et Lutzenburgensis ducissa, comitissa de Chiny, filia praeclarissimi

Auf dem Schilde des Grabmahls befindet sich das Wappen des Herzogthums Luxemburg, der aufrecht stehende gekrönte Löwe. Dasselbe Wappen befindet sich aber auch an den vier Schlußsteinen des Gewölbes in dem linken Seitenschiffe der Kirche, als dessen Erbauerin Elisabeth dadurch nach bekannter Sitte bezeichnet ist, wenngleich uns anderweitige Nachrichten hierüber nicht vorliegen ²³). Allerdings, wenn die Angaben Browers über die letzten Lebensjahre der Elisabeth zu Trier vollständig ihre Richtigkeit hätten, daß sie nämlich tief in Schulden verstrickt ein elendes und kummervolles Leben zu Trier geführt hätte und letztlich noch auf Betreiben ihrer Crebitoren excommunicirt worden sei, dann dürften erhebliche Zweifel darüber entstehen, daß der Elisabeth die nöthigen Mittel zu Gebote gestanden hätten, jenes Kirchenschiff erbauen zu lassen ²⁴). Indessen ergibt sich aus der ausführlichen Geschichte der Elisabeth bei Bertholet ²⁵), daß dem Brower mangelhafte und theilweise unrichtige Nachrichten über die letzten Lebensjahre der Herzogin vorgelegen haben. Namentlich ist seine Angabe, daß Elisabeth von ihren Unterthanen aus dem Lande vertrieben worden sei, unrichtig, da sie in Wahrheit freiwillig alle ihre Rechte auf das Herzogthum Luxemburg, die Graffschaft Chiny und die Vogtei von Elsaß ihrem Neffen, dem Herzog Philipp von Burgund, abgetreten, dabei aber sich eine jährliche Pension von achttausend Gulden, nebst eilf=tausend Gulden, die ihr sogleich ausgezahlt wurden, reservirt hat ²⁶). Außerdem besaßen die Herzoge von Luxemburg seit

---

domini Joannis ducis de Gorlitz Marchionis Brandeburgensis, gloriosissimi principis Sigismundi Romanorum imperatoris, Ungariae et Bohemiae regis et unius parentis germani, quae obiit anno Domini MCCCCLI tertio non. Augusti, cujus anima requiescat in pace amen.

²³) Zwei Schlußsteine haben nämlich den aufrecht stehenden Löwen allein; die zwei andern haben den Löwen, der eine unter dem Bilde des h. Johannes Baptista, der andere unter dem Bilde der Kreuzigung mit Johannes Ev. und Maria zu den Seiten.

²⁴) Man sehe Brow. Annal. Trev. II. p. 181 seq. Vergl. Rhein. Antiquar. II. Abth. 4. Bd., S. 190—197.

²⁵) Histoire du duché de Luxemb. Tom. VII. p. 319—442.

²⁶) L. c p. 441.

dem Anfange des vierzehnten Jahrhunderts ein eigenes Haus zu Trier, genannt das Königshaus oder zum Adler, in der Brodstraße gelegen, das die Herzogin Elisabeth bei ihrem Abgange von Luxemburg 1444 bezogen hat, wodurch ihr natürlich die Kosten ihres Lebensunterhaltes bedeutend erleichtert waren. Endlich aber war die Herzogin bereits hoch in den Jahren, war mit Gicht behaftet, zudem durch harte Schicksale tief daniedergebeugt und der Welt wie abgestorben, so daß sie besondern Aufwand weder machen konnte noch wollte, wenn ihr auch die reichlichsten Mittel dazu zu Gebote gestanden hätten. Wohl aber war ihr ganz vereinsamtes und stilles Leben zu Trier von dem Jahre 1444 bis 1451, zusammengehalten mit ihrer hohen Abstammung und ihren mächtigen Verwandten, da sie Enkelin eines Kaisers, Tochter eines Herzogs, Nichte zweier Kaiser und Könige von Böhmen und Gemahlin zweier Herzoge war, ganz geeignet, die Mitwelt zu dem Urtheile zu veranlassen, daß sie die letzten Jahre ein verlassenes und kummervolles Leben geführt habe. Immerhin aber bleibt mit allem Rechte auf sie anwendbar, was Brower sagt, Elisabeth sei ein merkwürdiges Beispiel von der Unbeständigkeit und Hinfälligkeit des menschlichen Glückes. Aus diesem Grunde wollen wir daher auch in dem Nachstehenden ihren Lebenslauf in den Hauptumrissen zur Anschauung bringen.

Der Kaiser Carl IV, Sohn Johann des Blinden, aus dem Luxemburgischen Hause, hat 1354 die Grafschaft Luxemburg zum Herzogthum erhoben, und war es sein Bruder Wenceslaus, der zuerst den Titel Herzog von Luxemburg führte. Als derselbe 1383 kinderlos gestorben, fiel das Land an seinen Neffen, Wenzel, zugenannt der Faule, König von Böhmen und deutscher Kaiser. Dieser Wenzel, obgleich zweimal verehelicht, blieb ohne Erben; seine Brüder waren Jobok oder Josse, Markgraf von Brandenburg und Mähren, Johann, Herzog von Görlitz, und Sigismund ein Halbbruder, König von Ungarn und nachheriger deutscher Kaiser. Da nun Jobok, dem Wenzel das Herzogthum Luxemburg übertragen hatte, ebenfalls ohne Erben blieb, Johann von Görlitz mit Tod abgegangen war, so beschlossen Beide, die einzige Tochter des Johann, Elisabeth von Görlitz, dem Anton, Herzog von Brabant, aus dem Burgundischen Hause, zur Ehe zu geben und derselben die Summe von 120,000 Gulden als Mitgift auszuwerfen, und da sie diese Summe nicht vorräthig hatten, das Herzogthum Luxemburg als Pfandlehen mit Nutznießung zu übertragen, bis dahin, daß jene Summe entrichtet würde. Der Ehekontrakt wurde 1409 zu Prag geschlossen und haben 1411 Anton und Elisabeth mit den Titeln Herzog und Herzogin von Lothringen, Brabant, Luxemburg, Markgraf des h. römischen Reiches und Graf von Chiny die Regierung des Luxemburgischen Landes angetreten.

Unter dem schwelgerischen König Wenzel war aber in dem Herzogthum Luxemburg gar übel gewirthschaftet worden. Vorerst war das Land von dem Könige dessen Bruder Jobok, Markgraf von Brandenburg, verpfändet worden, und hatte dieser sodann auch viele Domainen an Private wieder verpfändet, und stand es daher beim Eintritte der neuen Pfandinhaber, des Herzogs Anton und der Elisabeth, so ärmlich mit den Einkünften, daß kaum die unabweisbarsten Auslagen bestritten werden konnten. Zu dieser Noth kamen sehr bald viel härtere Schicksale über Elisabeth. Ihr Gemahl, der Herzog Anton, fiel 1415 in der Schlacht bei Azincourt auf Seite der Franzosen gegen die Engländer kämpfend, nachdem vorher schon ihr einziges Kind Wilhelm, kaum ein Jahr alt, gestorben war. Als sie nunmehr, eine kinderlose Wittwe, die Zügel der Regierung in die Hand nehmen mußte, zeigte sich bald eine große Unzufriedenheit unter der Bevölkerung gegen sie, die zuletzt in offene Empörung ausbrach und sie nöthigte, bei ihrem Schwager Johann, Herzog von Burgund, Zuflucht und Hilfe zu suchen. Johann ließ seine Truppen in das Land einrücken, dämpfte die Empörung, verschaffte der Elisabeth wieder Anerkennung, indem das Land ihr als Herzogin huldigte. Leicht aber konnte sie erkennen, daß nach dem Abzuge der burgundischen Truppen aus einer noch immer fortdauernden Mißstimmung im Lande gegen sie neue Gefahren auftauchen würden, denen sie als schwaches Weib nicht gewachsen sein würde. Sie beschloß daher zu einer zweiten Ehe zu schreiten, warf ihre Augen auf Johann, Herzog von

Baiern, Graf von Hennegau, Holland und Zeeland, mit dessen mächtiger Hilfe sie Unordnungen in ihrem Lande verhüten und sich in friedlichem Genusse ihrer Pfandschaft befestigen zu können hoffte. Johann, mit der Weihe eines Subdiacon Bischof von Lüttich und weit mehr kriegerisch als geistlich gesinnt, gibt das Bisthum in die Hände der Väter des Concils zu Constanz, von welchem er 1418 die Dispens erhielt, die Ehe mit Elisabeth einzugehen. Nachdem Kaiser Sigismund den Ehevertrag ratificirt hatte und die Ehe geschlossen worden, haben die drei Stände Luxemburgs der neuen Herrschaft gehuldigt.

Indessen hatte der neue Herzog Johann schwere Kämpfe in Holland und Hennegau zu bestehen gegen den Herzog von Brabant, der ihm diese Besitzungen streitig machte, so daß er das Herzogthum Luxemburg sich selbst überlassen mußte. Im Verlaufe jener Kämpfe ist er 1424 vergiftet worden, und war Elisabeth zum zweitenmal eine verlassene, kinderlose, und von Noth und Gefahren umgebene Wittwe. Der Herzog von Brabant, der Schuldforderungen an sie hatte, drängte sie jetzt und ließ sogar einen Arrestbefehl auf ihre Effekte und ihre Person ergehen, und mußte sie abermal bei Burgund, dem Herzoge Philipp dem Guten, ihrem Neffen, Schutz und Hilfe suchen. Zwar wurde jetzt ein Arrangement getroffen, daß Elisabeth die Regierung von Luxemburg wieder erhielt, ohne daß sie jedoch die Gemüther der Unterthanen für sich hätte gewinnen können. Und nachdem 1437 Kaiser Sigismund, der letzte männliche Sprößling der Herzoge von Luxemburg, gestorben war, brachen neue Stürme gegen sie und auf das Herzogthum ein, indem der Herzog Wilhelm von Sachsen und Casimir, König von Polen, welche Beide Enkelinnen Sigismunds zur Ehe hatten, Erbansprüche erhoben und die Elisabeth zu verdrängen suchten. Das Land selbst, immer unzufrieden und aufgebracht gegen Elisabeth, begünstigte die Bewerbung des Herzogs von Sachsen, obgleich seine Ansprüche gänzlich unberechtigt waren, während nur eine schwächere Partei der Elisabeth treu blieb. Im Gedränge vor dem Herzoge von Sachsen und den eigenen Unterthanen nimmt Elisabeth abermal ihre Zuflucht bei Philipp von Burgund, ernennt ihn zu ihrem Patron und

Gouverneur von Luxemburg. Und als das Land ihn trotzig abwies, die burgundische Herrschaft nicht anerkennen wollte, rückte Philipp mit starker Heeresmacht 1443 in das Herzogthum ein, eroberte mit Hilfe der der Elisabeth treu gebliebenen Unterthanen eine Stadt nach der andern und zuletzt Luxemburg selbst, worauf sich der Sachse zu einem Vergleiche unter Vermittelung des Erzbischofs Jakob von Trier verstehen mußte, in welchem er Elisabeths Rechte auf das Herzogthum anerkannte. Philipp führte hierauf seine Tante unter großem Pompe und glänzendem Gefolge in die Hauptstadt ein; die Herren, Städte und die Landgemeinden schickten Deputirte, ihr als ihrer Herrin zu huldigen; die Bischöfe von Metz, Tull und Verdun ließen ihr Glück wünschen und ihre Freude über ihre Rückkehr an Tag legen.

Elisabeth aber, bereits in den Jahren vorgerückt, mit Gicht behaftet, daß sie sich oft in einer Senfte tragen lassen mußte, und dazu eine lange Reihe von Jahren mit Undank und Bitterkeit getränkt, hegte kein Verlangen mehr, die Last der Regierung auf's Neue zu übernehmen. Als daher Herzog Philipp um die Mitte Januar von Luxemburg abziehen wollte, lohnte sie ihm die ihr so treu geleisteten Dienste damit, daß sie ihm alle ihre Rechte auf das Herzogthum Luxemburg, die Grafschaft Chiny und die Vogteigerechtigkeit über Elsaß durch Schenkung inter vivos abtrat, und zwar gegen eine Summe von 11,000 und eine jährliche Pension von 8000 Florin. Als „bürgerlich todt" ist sie sofort von Luxemburg abgezogen und hat sich, wie oben gemeldet, zu Trier niedergelassen, wo sie im August 1451 ihr viel bewegtes und an Trübsal überreiches Leben beschlossen hat.

Das Grabmahl, das ihr die Minoriten in ihrer Kirche, dicht neben dem Hochaltare haben errichten lassen, bezeichnet dieselbe unbezweifelt als eine Wohlthäterin der Kirche, die ihr Namhaftes geschenkt haben müsse. Das Wappen der Herzogin an allen Schlußsteinen des Gewölbes in dem linken Schiffe bezeichnet die Herzogin ebenso unzweideutig als Erbauerin desselben. Sind ja eben auch die Jesuiten als Erbauer des rechten Schiffes durch das Emblem oder Wappen ihres Ordens an den Gewölbeschlußsteinen bezeichnet, den Namenszug Jesu und den der Maria (siehe oben S. 3), denen noch ein flammendes mit Nägeln durchbohrtes Herz und ein geflügelter Engelskopf beigegeben sind.

Die Dreifaltigkeitskirche nach der Aufhebung des Jesuiten-Ordens (1773). Die Kirche wird Seminarkirche.

Die Jesuiten zu Trier hatten seit ihrer Berufung (1560) bis zur Auflösung ihres Ordens (1773) durch Schenkungen der Churfürsten, Vermächtnisse frommer Gläubigen, weise Ersparnisse und gute Verwaltung ein ziemlich beträchtliches Vermögen in Gebäuden und Grundgütern erworben. In der Stadt besaßen sie namentlich das Dreifaltigkeitscollegium, d. i. die Dreifaltigkeitskirche mit dem (jetzigen) Gymnasium, darin eine Bibliothek und dahinter ein Garten, sodann das Noviciathaus im Krahnen (das jetzige Mutterhaus der barmherzigen Schwestern) mit einem großen dazu gehörigen Garten. Als nun Papst Clemens XIV. im Jahre 1773 den Jesuitenorden auflöste, ordnete er in der betreffenden Bulle an, daß die Glieder des aufgelösten Ordens ihr Ordenskleid ablegen, ihre Häuser verlassen und entweder in einen andern von der Kirche approbirten Orden eintreten, oder aber als Weltgeistliche unter dem Bischofe der Diöcese, in der sie wohnten, stehen und wirken sollten. Auch sollten sie fernerhin kein Haus mehr errichten oder erwerben, noch auch Häuser oder Güter, die sie jetzt besäßen, veräußern können; „auf daß die Häuser, die nunmehr frei geworden sind, zu frommen Zwecken verwendet werden können, in der Weise, wie es den Kirchengesetzen, dem Willen der Stifter, der Förderung des Gottesdienstes, dem Seelenheile der Gläubigen und dem allgemeinen Wohle je nach Ort und Zeit angemessen sein wird"[27]). Da nun der Unterricht und die Erziehung

---

[27]) Bullar. rom. Continuatio, Tom IV. p. 615.

der studirenden Jugend, die Pflege der höheren Wissenschaften an der Universität, Doktion der Theologie und Heranbildung der Geistlichen die Hauptthätigkeit der Jesuiten gebildet hatten und alle ihnen im Verlaufe der Zeiten zugeflossenen Güter zu diesen Zwecken gegeben worden, so war es dem damaligen gewissenhaften und frommen Churfürsten Clemens Wenceslaus nahe gelegt, wie er die nunmehr frei gewordenen Güter der Jesuiten seines Sprengels, dem Geiste der Kirchengesetze, dem Willen der Stifter und den besondern Bedürfnissen seiner Erzbiöcese angemessen zu verwenden habe. Daß der Churfürst von den Jesuitengütern den jenen Zwecken angemessensten Gebrauch wirklich gemacht habe, berichten uns die Gesta Trevirorum im Allgemeinen, indem sie zu dem Jahre 1773 schreiben: „**Kirche, Bibliothek, Wohn- und Schulgebäude und sonstige Güter wurden bei uns nicht zum Vortheil der Hofkammer veräußert oder verpachtet, sondern blieben ihrer ersten, eblern Bestimmung entsprechend, ausschließlich zur Ausstattung der Wissenschaften und Lehranstalten gewidmet**"[28]). Specieller noch spricht sich hierüber der Churfürst selber in der Stiftungsurkunde des Priesterseminars vom 16. October 1773 aus. Nach Anordnung des im Jahre 1563 beendigten Concilium von Trient[29]) war jeder Bischof gehalten, ein der Ausdehnung und den Bedürfnissen seiner Diöcese angemessenes Seminar als Bildungsanstalt für Geistliche zu errichten. Inzwischen hatten die bereits drei Jahre vorher nach Trier berufenen Jesuiten durch ihre Leistungen die Zwecke einer solchen Anstalt großentheils zu erfüllen angefangen und war daher ein erzbischöfliches Seminar für Trier, wie es sonst die Ausdehnung der Erzbiöcese und die Vorschrift des Trienter Concilium gefordert hätten, bis zum Jahre 1773 nicht errichtet worden[30]). Als nun aber der

---

[28]) Gest. Trevir. vol. III. p. 293.
[29]) Sess. XXIII. cap. 18. de ref.
[30]) Zwar bestanden schon das Banthus-Seminar am Dom, das Lambertinische Seminar für adelige Cleriker in der Dietrichsgasse und ein kleines Seminar zu Coblenz; allein diese drei zusammen entsprachen bei

Jesuitenorden aufgelöst wurde, mußte das Bedürfniß einer eigenen Bildungsanstalt für Geistliche in seiner ganzen Stärke wieder eintreten, und konnte dem Clemens Wenceslaus, der sich jetzt zur Errichtung eines Seminars verpflichtet fühlte, nichts erwünschter sein, als in den ihm zur Verfügung gestellten Gütern der Jesuiten die Mittel zur Hand zu haben, seiner Pflicht, den Bedürfnissen seiner Erzbiöcese und der Anordnung des apostolischen Stuhles gleichermaßen zu genügen. Daher sagt denn der Churfürst: „Da sich gefüget, daß durch Verhängniß Seiner päpstlichen Heiligkeit Clemens XIV das bis hiehin gewesene weitschichtige Jesuiten-Noviciathaus ad S. Joannem Bapt. im Krahnen zu Trier **uns mit dem Belast der Verwendung zu gottseligen Diensten anheimgefallen ist**, haben Wir sogleich erachtet, es würde kein gottseligerer, unsrem Erzstifte ersprießlicherer und den Kirchenregeln gleichförmigerer Gebrauch desselben in Zukunft ersonnen werden können, als wenn dieser gottseliger Ort zu einem beständigen Seminario Clericorum gewidmet und mildest verwendet würde" [31]).

Bereits im Herbste desselben Jahres wurde das Priesterseminar im Krahnen eröffnet. Als Professoren waren Weltgeistliche, darunter auch Exjesuiten, angestellt, welche die verschiedenen theologischen Disciplinen docirten, und zwar mit dem Privilegium, daß das theologische Studium daselbst dem an der Universität gleich gestellt war.

Das Dreifaltigkeitscollegium mit der dazu gehörenden Kirche erlitt vorläufig keine Veränderung, außer jener, daß der Unterricht in den fünf unteren Schulen Weltgeistlichen übertragen wurde, während für die Studien der Philosophie und Theologie Exjesuiten als Lehrer verblieben. Bald aber erfolgten bauliche Veränderungen an dem Collegium. Denn zugleich mit

---

weitem nicht den Bedürfnissen unsrer Erzbiöcese und insofern auch nicht der Vorschrift des Concil von Trient. Siehe Marx, Geschichte des Erzstifts Trier, II. Bd, S. 517—538.

[31]) Stiftungsurkunde des Priesterseminars, bei Blattau, Statuta etc. vol. V. p. 192.

der Errichtung des Seminars im Krahnen verlegte der Churfürst die Universität aus der Dietrichsgasse in das Dreifaltigkeits=collegium und kündigte Neller am 8. Nov. 1773 an, daß er seine Vorlesungen von jetzt an „in dem zweiten Zwergbau des der Universität eingeräumten ehmaligen Jesuiter=Collegii zwischen Hosen= und Neugasse" halten würde [32]). Der Verlegung der Vorlesungen der Universität folgte im Oktober 1774 auch die Verlegung der Universitätsbibliothek in das Collegium, so wie sie sich jetzt noch in dem Hauptsaale der Stadtbibliothek befindet, während die Bibliothek der Jesuiten ebenfalls noch einen besondern Saal einnimmt, wie zur Zeit der Jesuiten. Ferner wurde nunmehr 1774 und 1775 an der östlichen Seite durch den Churfürsten ein Neubau mit einer schönen Aula für Abhaltung der Promotionen und andrer akademischer Akte und Feierlichkeiten aufgeführt [33]).

Das war die erste Einrichtung, die der Churfürst in den beiden Anstalten des Jesuitenordens zu Trier getroffen und mit seinen Gütern ausgeführt hatte. So wie das Noviciathaus im Krahnen und das Dreifaltigkeitscollegium zwischen der Hosen= und Neugasse ein jedes seine besondern Güter und besondre Verwaltung gehabt hatte, also auch bestand jetzt das Clerical=seminar im Krahnen und das Dreifaltigkeitscollegium jedes für sich mit seinen eigenen Gütern und mit besondrer Ver=waltung und Haushaltung. Indessen stellte sich sehr bald heraus, daß der gesonderte Bestand dieser beiden aus dem Vermögen des Jesuitenordens errichteten Anstalten mit vielerlei Inconvenienzen verbunden sei. Die Einkünfte reichten nicht aus für zwei getrennte Haushaltungen; in dem Seminar im Krahnen hatte man Professoren der Theologie anstellen müssen,

---

[32]) Neller bezeichnet in jenen Worten den östlichen, an dem Gymnasial=garten herlaufenden Flügel, wo bisher die Jesuiten ihr Sommerrefektorium gehabt hatten.

[33]) Den 21. Sept. 1775 war die Aula vollendet und ist die erste Promotion, nämlich jene des Johann Gerz, darin, in Beisein des Churfürsten Clemens Wenceslaus und seiner Schwester Cunigunde, gehalten worden. Promotor war Philipp Corbier, als Prokanzler fungirte der Weihbischof v. Hontheim.

und an der in das Collegium verlegten Universität mußten ebenfalls Professoren der Theologie gehalten werden. Außerdem konnten die Alumnen im Seminar, der weiten Entfernung wegen, die Vorträge an der Universität nicht frequentiren. Um allen diesen Inconvenienzen abzuhelfen, beschloß der Churfürst, das Seminar aus dem Krahnen an das Dreifaltigkeitscollegium zu verlegen, baute zu diesem Ende vom Jahre 1775 bis 1779 einen neuen Flügel an das Collegium — den nach ihm benannten Clementinischen oder Clementinisches Seminar — und machte nun aus den beiden Anstalten eine einzige, derart, daß das Vorsteher- und Lehrerpersonal des Seminars und des Collegium zu einer Corporation vereinigt und daß die Fonds und Einkünfte beider, „wessen Orts, Namens und Art sie immer herrühren oder sein mögen, zusammengezogen und nur eine Massa ausmachen, aus welcher sowohl die zur ersprieslichen Fortführung der in unsrer Trier'schen Universität eingeführten Doktion, als auch zur Direktion des neuen errichteten Seminarii clericorum nöthige Kösten bestritten werden sollen"[34]).

Bei allen diesen Maßnahmen des Churfürsten war der eigentliche Zweck Errichtung und allseitige Ausstattung eines geistlichen Seminars. Diesem ursprünglichen und Hauptzwecke sollte das Collegium mit seinen Schulen und die Universität mit ihrer Doktion dienstbar sein. Diesen Zweck hat der Churfürst zuerst bei der Freiwerbung der Jesuitengüter in's Auge gefaßt und auch bis zur vollständigen Erreichung desselben im Auge behalten. Daher war denn auch natürlich jetzt nach Vereinigung der beiden Anstalten — des Seminarium und des Collegium — das Seminarium das Principale, war als solches Eigenthümer und Träger der vereinigten Gütermasse, allerdings mit der Verpflichtung, auch die Zwecke des Collegium zu erfüllen. Demgemäß wurden denn auch, als gleichzeitig mit der Vereinigung der beiden Anstalten (1779), behufs Gewinnung größerer Räumlichkeiten für die höhern Schulen und die akademischen Vorlesungen, die fünf unteren Schulen (Infima,

---

[34]) Statuta synodalia etc. von Blattau, vol. V. p. 281.

Secunda, Syntax, Poetik und Rhetorik) aus dem Collegium in das alte Gymnasium in der Dietrichsgasse verlegt und der Unterricht darin den Piaristen in dem Lambertinum übergeben wurde, diese Lehrer aus den Einkünften des mit dem Seminar vereinigten Dreifaltigkeitscollegium salarirt [33]). Diesem ganz entsprechend erscheint von dem Akte der Vereinigung der beiden Anstalten an das Seminar als Eigenthümer der Dreifaltig=keitskirche und wurde diese auch nunmehr Seminariums=kirche genannt. Unter diesem Namen erscheint dieselbe bereits in demselben Jahre (1779) in einer Verordnung des Churfürsten bezüglich der Stiftung von zwölf Stipendien im Seminar durch Peter Haw, worin es unter No. 6 heißt: „Sechstens zur billigen Dankbarkeit dieser reichen Stiftung befehlen Wir, daß, wie bishero geschehen, alljährlich am 11. Sept., als dem Sterbtage des Fundatoris, oder bei vorfallender Hinderniß auf einen andern diesem vorhergehenden Tage in der Semina=riumskirche ein singendes Seelen=Amt cum diacono et subdiacono gehalten werde u. s. w." [34]). Ebenso wurde die Kirche fortan in allen amtlichen Schriftstücken Seminariums=kirche oder nach ihrem Dedikationstitel Dreifaltigkeits=kirche genannt.

An dieser Stelle möge auch noch einer Abänderung in der Straßenverbindung in der Nähe der Dreifaltigkeitskirche Erwähnung geschehen, da dieselbe in Folge der eben erzählten Einrichtungen nothwendig geworden ist. Bis zur Aufhebung des Jesuitenordens war das Jesuitengäßchen nur während des Tages dem Verkehr geöffnet, nicht aber zur Nachtszeit. Unten am Eingange aus der Brodstraße befand sich ein eisernes Gitter, das Abends geschlossen wurde, und am Ausgange auf dem Weberbache war ein hölzernes Thor, das ebenfalls am Abende geschlossen wurde. Die eigentliche Verbindung zwischen der Brodstraße und dem Weberbache bildete die Fortsetzung der am Neptunsbrunnen herlaufenden Fahrgasse, das sogenannte Engelgäßchen nämlich, das zwischen der Gerlinger'schen Apotheke

---

[33]) Blattau, Statuta synod. etc. vol. V. p. 280—288.
[34]) Statuta synod. vol. V. p. 290—293.

und dem Hause des Herrn Blasius in der Richtung auf den Pallast hinlief. Nachdem nun aber 1775 der Churfürst das jetzige Seminar zu bauen anfing, hörte die Verbindung durch das Engelgäßchen auf, und mußte daher die Bürgerschaft die nächtliche Absperrung des Jesuitengäßchens als eine Erschwerung des Verkehrs lästig finden und aufgehoben wünschen. Der Magistrat brachte seine desfallsige Bitte an, der auch sofort gewillfahrt worden, indem fortan die Verschließung jenes Gäßchens gänzlich unterblieb.

Die Dreifaltigkeitskirche als Seminarkirche seit 1779.

Unter dem 11. März 1779 war die Verlegung des Seminars aus dem Krahnen in den neuen Clementinischen Bau und die Vereinigung des Collegium mit demselben vor sich gegangen, und hatte damit das Seminar Besitz von der Dreifaltigkeitskirche genommen. Der Vereinigung der beiden Anstalten entsprechend diente fortan auch die Dreifaltigkeitskirche zur Abhaltung der gottesdienstlichen Handlungen des Priesterseminars und des Collegium; und war auch in dem gesonderten corporativen Bestande der Universität keine Veränderung vorgenommen und ihr eben nur die Benützung der Hörsäle im Collegium, wegen der größern Räumlichkeit und der bequemern Lage in der Mitte der Stadt, zur Abhaltung der Vorlesungen eingeräumt worden, so war doch auch ihr der Mitgebrauch der Dreifaltigkeitskirche für die akademischen Gottesdienste und feierlichen Akte gewährt, was auch insofern nothwendig war, als Professoren des Seminars auch Mitglieder der Universität waren und die Alumnen des Seminars an den Vorlesungen und akademischen Akten und Feierlichkeiten Theil nahmen. So findet sich denn, daß vorerst das Seminar in dieser Kirche, nebst den von den Jesuiten überkommenen Gottesdiensten und kirchlichen Feierlichkeiten, die ihm als Priesterseminar eigenthümlichen Gottesdienste gehalten hat; dann, daß zwar die Schulprüfungen der in die Dietrichs=gasse verlegten Classen in den dortigen Schulsälen, dagegen aber die feierliche Preisvertheilung durch das Collegium in der

Dreifaltigkeitskirche gehalten wurde. Ebenso findet sich endlich, daß auch die der Universität eigenthümlichen Gottesdienste und feierlichen Akte in dieser Kirche begangen wurden. Jedes Jahr am 9. Mai, dem Feste der Translation des h. Hieronymus, hielt die theologische Fakultät ihre Decanswahl in der Dreifaltigkeitskirche; am 19. Mai, dem Feste des h. Jvo, wählte in derselben die juristische Fakultät ihren Decan; am 27. Juli, am Pantaleonstage, wählte daselbst die medicinische ihren Decan und am 25. November, dem Tage der h. Catharina, die philosophische den ihrigen, wählte also eine jede Fakultät ihren Decan an dem Tage ihres heiligen Patrons. Die Wahl des Rektor magnificus wurde alljährlich am Feste des h. Thomas von Aquin in dem Conventssaale der Dominikaner gehalten. Allgemeine Seelenämter wurden von dem Seminar und der Universität ebenfalls in dieser Kirche gehalten, wie denn solche waren an dem Montage nach Dreifaltigkeitssonntage und im November gegen Mariä Aufopferung.

Die Dreifaltigkeitskirche zur Zeit der französischen Emigranten (1790—1794), damals genannt der „französische Dom."

Der Apotheke des Herrn Gerlinger gegenüber, wo jetzt eine Reihe neuer Häuser steht, stand bis zum Jahre 1834 die alte Weihbischofswohnung, genannt die „Kapp" von der Bischofsmitra, die am Portale in Stein gehauen zu sehen war, bewohnt bis c. 1789 von dem Weihbischofe v. Hontheim, seit dessen Tode (1790) leer stehend. In diesem geräumigen Hause wurden die meisten französischen Geistlichen, die seit dem Beginne des Jahres 1790 aus Frankreich ausgewandert, untergebracht, insbesondre Geistliche aus der Trierischen Kirchenprovinz, den fünf Bisthümern Metz, Tull, Verdun, Nanzig und St. Diez, die einen besondern Anspruch auf gastliche Aufnahme bei ihrer Mutterkirche machen konnten. Während des Jahres 1792 waren allein aus dem Bisthum Nanzig 93 Geistliche mit ihrem Bischofe hier, der Bischof und Cardinal von Metz und die Bischöfe der andern Suffraganfitze; während des folgenden Jahres sind 111

Geistliche als Emigranten zu Trier officiell verzeichnet, nebst Nonnen aus verschiedenen Klöstern und vielen Seminaristen. Nebst den Geistlichen und Ordensleuten waren auch viele vornehme Weltliche als Emigranten in der Stadt, Adelige, Grafen, Barone mit Dienerschaft, hohe Officiere aus verschiedenen Provinzen Frankreichs, unter andern der Herzog und die Herzogin v. Broglio.

Wegen des beständigen Aufenthaltes so vieler französischen Bischöfe, Priester und Seminaristen in der „Kapp" hieß diese damal das „französische Seminar." Die Nähe der Dreifaltigkeitskirche und der Umstand, daß diese nicht Pfarrkirche und daher für außergewöhnliche Gottesdienste disponibler war, als andre, brachten es mit sich, daß die Emigranten, Geistliche sowohl als Laien, sich diese Kirche zu ihren gottesdienstlichen Versammlungen wählten. Täglich strömten eine Menge französischer Priester zu dieser Kirche, um Messe zu lesen und waren regelmäßig die Altäre derselben bis zum Mittage so anhaltend besetzt, daß die Geistlichen des Clementinischen Seminars oft nicht mehr ankommen konnten. Täglich erschien auch der Cardinal von Metz hier, um der h. Messe beizuwohnen. Im Munde des Volkes erhielt daher damal diese Kirche den Namen „der französische Dom."

Da sich vom Beginne des Jahres 1790 bis zum Herannahen der französischen Truppen im Sommer 1794 viele Emigranten hier aufhielten, so konnte ihnen auf die Dauer mit stiller Messe ohne Unterricht und Predigt nicht genügt sein. Unter dem 14. Februar 1790 veröffentlichte daher ein französischer Geistlicher in dem Trierischen Wochenblättchen eine Anzeige in französischer Sprache, daß die Herren Fremden, die sich zu Trier aufhielten und Domestiken hätten, die der deutschen Sprache nicht kundig seien, jeden Montag und Mittwoch in der Fastenzeit, angefangen den 22. Febr., dieselben in die Hospitalskirche in der Fleischstraße schicken sollten, wo um 4 Uhr des Nachmittags christlicher Unterricht in französischer Sprache würde gehalten werden. Unter dem 6. März 1791 veröffentlichte ein französischer Prediger, daß er jeden Montag und Freitag in der Fastenzeit, den 15. laufenden Monats angefangen, um 5 Uhr Nachmittags in der Kirche des Priesterseminars eine Rede in Form einer Betrachtung über das Leiden unsers Herrn Jesu Christi halten würde, nach deren Beendigung der Segen mit dem hh. Sakramente gegeben werde. Unter dem 8. Mai desselben Jahres erschien die Anzeige, daß, angefangen mit dem dritten Sonntage nach Ostern, jeden Sonntag ¼ vor eilf Uhr eine französische Predigt in der Seminariumskirche würde gehalten werden.

Man muß gestehen, das waren für Frankreich, für die hier weilenden Emigranten, schreckliche Zeiten. Fast täglich erhielten sie Kunde von den Greueln, welche die Revolution in ihrem Vaterlande verbreitete. Das Königthum, der Adel, die Kirche, die Geistlichkeit begrabirt, beraubt, entehrt und blutig verfolgt; der König mit seiner Familie ein Gefangener des wüthenden Conventes, der katholische Cultus proscribirt, der König und die Königin guillotinirt, die Straßen der Hauptstädte mit dem Blute ermordeter Priester befleckt. Wie oft werden die Prediger in der Dreifaltigkeitskirche, selber tief ergriffen von den furchtbaren Schicksalen des Heimathlandes, die wehmüthigen Blicke ihrer Zuhörer und Leidensgenossen nach jenem Lande der Schrecken gelenkt haben! So waren die ersten Wogen des Revolutionssturmes, die aus Frankreich herüber in unser stilles und friedliches Land hereingebrochen, in die Dreifaltigkeitskirche eingelaufen. In ihr auch sollte die Revolution selber einige Jahre später den Cult und die Lehrkanzel ihrer Gottvergessenheit aufrichten.

Die Dreifaltigkeitskirche von dem Einrücken der französischen Truppen bis zur Anstellung der republikanischen Behörden zu Trier (1794—1798).

Die Greuel, welche von der französischen Revolution seit ihrem Ausbruche 1789 gegen die königliche Familie, den Adel, die Geistlichkeit, die Kirche und die Religion verübt worden, hatten weithin, insbesondre in den an Frankreich angrenzenden Ländern, Furcht und Schrecken verbreitet. Als daher die französische Armee in unser Land vordrang, entstand ein allgemeines Flüchten über den Rhein nach dem Innern von Deutschland; es flüchtete der Adel, das adelige Domkapitel, der größte Theil der Ordensleute, namentlich der reichern Klöster, die Stiftsgeistlichkeit von Simeon und Paulin, die Alumnen des Seminars und die meisten Studenten der Universität verließen die Stadt und zogen ein jeder in seine Heimath. Indessen wagte es doch die französische Regierung nicht, in dem eroberten Lande sofort die Zustände und Gesetze einzuführen, wie sie damal in Frankreich bestanden; den zurückgebliebenen Geistlichen wurde kein Leid zugefügt und die geflüchteten wurden bald zurückberufen, und mit Ausnahme der Domkirche, in welcher ein Magazin errichtet wurde, nachdem der Gottesdienst aus derselben in die zum Dome gehörende Liebfrauenkirche verlegt worden, hat der Gottesdienst in den andern Kirchen keine bleibende Störung erlitten. Von der Geistlichkeit des Seminars war, so viel bekannt, nur der Oekonom über den Rhein geflüchtet, der aber auch bald danach wieder zurückgekehrt ist. Die kurze Störung, die bald nach dem Einrücken der Franzosen in der Dreifaltigkeitskirche vorgegangen ist, bestand darin, daß schlechtes, raubsüchtiges Gesindel, das gleichzeitig mit den Truppen eingezogen war, die allgemeine Bestürzung und die gänzliche Schutzlosigkeit der Stadt und der Bürgerschaft benützte, die Orgelspfeifen und die sämmtlichen goldenen und silbernen Kirchengefäße, Kelche, Ciborien, Monstranzen u. dgl., dieser Kirche abforderte und an sich riß, in Folge dessen vom 7. bis zum 19. Oktober (1794) kein Gottesdienst in derselben gehalten werden konnte, bis inzwischen zinnerne Kelche angefertigt worden waren. Am 22. Oktober desselben Jahres trat abermal eine Unterbrechung des Gottesdienstes ein, indem die Franzosen viele Fuder Wein, die sie in den hiesigen Klöstern geraubt, in dieser Kirche ablegten, abstechen und an die Marquedenter zum Vertheilen ausgeben ließen. Am 17. Juli 1795 war die Kirche aber wieder geräumt und wurde am folgenden Tage der Gottesdienst wieder fortgesetzt, „zur größten Freude der ganzen Nachbarschaft", wie gleichzeitige handschriftliche Aufzeichnungen berichten. Nach

dieser Unterbrechung ist der Gottesdienst in der Dreifaltigkeits=
kirche ungestört bis in den Spätsommer des Jahres 1798
fortgehalten worden.

In Frankreich war bekanntlich durch die republikanische
Schreckensregierung zu Ende des Jahres 1792 der christliche
Gottesdienst und Alles, was mit demselben zusammenhängt,
abgeschafft und ein sogenannter Vernunft= oder Naturcultus
eingeführt worden. Aus teuflischem Hasse gegen das ganze
Christenthum hatten die Republikaner die christliche Zeitrechnung
abgethan und wurden die Jahre nicht mehr nach Christi Geburt
gezählt, sondern nach Abschaffung des Königthums und Ein=
führung der Republik in Frankreich am 22. Sept. 1792; das
Jahr sollte nicht mehr am 1. Januar beginnen, sondern mit
dem 22. September; an die Stelle der Zeiteintheilung in
Wochen war jene in Dekaden (Tagzehnde) getreten; der christliche
Sonntag und alle christlichen Festtage waren abgeschafft; die
Monate hatten ihre bisherigen Namen aufgeben und sich nach
Lufterscheinungen und landwirthschaftlichen Verrichtungen be=
nennen lassen müssen; ebenso war die Benennung der Tage
nach Heiligen der Kirche beseitigt, die nunmehr nach Erzeugnissen
aus dem Pflanzenreiche, nach häuslichen und landwirthschaftlichen
Geräthen und nach Haus= und Lastthieren benannt wurden.
Die französische Revolution, wenngleich ein Ungeheuer von
Greuelthaten, wie die Welt nie eines gesehen, galt den Re=
publikanern als das einzige Erlösungswerk der Menschheit, und
hat daher auch der republikanische Cultus der Franzosen, statt
der Thaten, Begebenheiten und Segnungen des göttlichen
Erlösungswerkes durch Jesus Christus, die Begebenheiten, die
Helden und die Doktrinen der Revolution an bestimmten Tagen
festlich begangen. So wurde in diesem Culte ein Fest der
Erstürmung der Bastille gefeiert, ein Fest der Hinrichtung des
Königs Ludwig XVI, ein Fest der Volkssouverainetät u. dgl.
Zwar haben die Franzosen, so lange die Militärverwaltung in
unserm Lande dauerte, d. i. bis zum Frühjahre 1798, es nicht
versucht, ihre republikanischen Festbegehungen in einer Kirche
aufzuführen, wie es in Frankreich geschah, sondern hielten
dieselben auf freien Plätzen und durch die Straßen der Stadt.

Eine solche republikanische Ceremonie war gehalten worden von den Franzosen sogleich nach ihrem Einrücken in die Stadt, indem sie auf dem Hauptmarkte einen Freiheitsbaum setzten, eine hohe junge Eiche, mit weißen, rothen und blauen Bändern behangen und einer Jakobinermütze am Gipfel. Da aber dieser Baum verdorrt war, so wurde am 19. Februar 1798 ein neuer an derselben Stelle gesetzt, ebenso ein solcher auf dem Domfreihofe. Von der Dompropstei, dem Sitze der Verwaltungscommission, gingen die Festzüge aus und bewegten sich durch die Straßen unter Begleitung der Militärmusik und Absingung republikanischer Lieder; auf einem öffentlichen Platze war eine Tribüne errichtet oder es wurde eine offene Chaise als Rednerbühne gebraucht, eine französische und eine deutsche Rede über „Freiheit" gehalten; dann fuhren zwei blessirte Soldaten in dem Zuge und zwei weißgekleidete Mädchen mit Lorbeerkränzen, welche jenen Soldaten am Schlusse jener Rede aufgesetzt wurden. Abends war (commandirte) Beleuchtung, Concert, Ball, Essen, Trinken und Jauchzen, — das war der Dienst und die Andacht der republikanischen Feste — bis zum Frühjahre 1798, wo sie mit mehr Kühnheit und Pomp auftraten.

Die Dreifaltigkeitskirche wird zum „Dekadentempel" entweiht (1798—1801).

Am 20. März feierten die Republikaner ihr Fest der „Volkssouverainetät", hielten auch wieder einen Zug von dem Domfreihofe aus durch die Straßen, kehrten jetzt aber in den Promotionssaal ein, und hielten hier ihre Reden und sonstigen Begehungen. Mit diesem Akte waren sie der Dreifaltigkeitskirche ganz nahe gerückt. Woher dies? Zu Anfang des Jahres hatte die französische Regierung zu Paris der Militärverwaltung in den eroberten Ländern auf dem linken Rheinufer ein Ende gemacht, den General-Commissär Rudler mit der ganzen Civilverwaltung betraut, der sofort das eroberte Land in vier Departemente eintheilte, demselben nach Beseitigung der alten Behörden die französisch-republikanische Einrichtung und Verfassung gab, neue „Gewalten" anstellte und französische Gesetze zu publiciren anfing. Hatten nun bis dahin bloß die geborenen Franzosen, das Militär und die sogenannten Volks=repräsentanten, sich an den republikanischen Feierlichkeiten betheiligt, so waren aber seit dem 18. Februar, wo neue Regierungs=, Justiz= und Municipalbehörden angestellt und in diese auch viele geborene Trierer aufgenommen worden, auch diese als mehr oder minder eifrige Theilnehmer an jenen Feierlichkeiten zu sehen, entweder so, daß sie sich zu dem Freiheitsschwindel der antichristlichen Revolution und Republik hatten bethören lassen oder ihrer nunmehrigen amtlichen Stellung ihre bessere Ueberzeugung zum Opfer brachten. Am 20. April wurde das Studium der Theologie und der Jurisprudenz an der hiesigen Universität von der neuen Regierung aufgehoben; ein schreckliches Omen, wenn Religion, Gottesfurcht, Recht und Gerechtigkeit zum Schweigen verurtheilt werden. Im August desselben Jahres kamen Abgeordnete der Regierung in das Seminar zu dem damaligen Regens und Consistorial=Assessor Conrad, kündigten ihm an, daß er seiner Stelle entsetzt sei und daß seine (des Seminars) Kirche fortan „ein Tempel der Vernunft sein und heißen werde"[39]). Am 5. September desselben Jahres (18. Fruktibor VI. Jahres) war es, wo zum erstenmal ein republikanisches Fest, genannt das Fest der „Entdeckung der Conspiration", in der Drei=faltigkeitskirche, von den Republikanern jetzt „Dekaden=tempel" genannt, gehalten wurde. Dieser Vorgang, als ein bis dahin zu Trier nie vorgekommener, in Verbindung mit dem Läuten der Glocken in allen Kirchen, welches von den Machthabern für die republikanischen Aufzüge gefordert und angeordnet wurde, erregte eine gewaltige Gährung der Ge=müther unter der Bürgerschaft und der Geistlichkeit der Stadt und wurde über jenen Vorgang in der Dreifaltigkeitskirche als eine Profanation, als eine Entheiligung der Kirchen der Stadt, laute Beschwerde geführt. Die Centralverwaltung sah

---

[39]) Diese Nachricht hat den Regens so gewaltig erschüttert, daß er sich wie vom Schlage getroffen gebärdete und noch längere Zeit wie geistesirre blieb.

sich daher veranlaßt, zur Beruhigung der Bürgerschaft unter dem 13. September eine öffentliche Erklärung über jene Benützung der Dreifaltigkeitskirche zu republikanischen Feierlichkeiten ausgehen zu lassen. In dieser gedruckt vorliegenden Erklärung sagt die von der französischen Republik eingesetzte Verwaltungsbehörde:

„Wir haben in Erfahrung gebracht, daß Böswillige die Gelegenheit der Feier des Festes vom 18. Fruktidor und andrer Feste in der Kirche des Collegiums benützten, um die Absichten der aufgestellten Behörden dieses Departements in übles Licht zu setzen, falsche Befürchtungen in Betreff der Aufrechthaltung der freien Ausübung des katholischen Gottesdienstes einzuflößen ... Bewohner von Trier, lasset euch nicht irreführen durch ihre (der Urheber jener Gerüchte) heuchlerische Besorgniß um Aufrechthaltung der Religion eurer Väter. Euere Kirchen, werden sie entweiht, wenn darin das unveräußerliche Recht und das heiligste, welches der Urheber der Natur den Sterblichen verliehen hat, das Recht der Freiheit, verehrt wird? Euere Kirchen, werden sie entweiht, wenn darin das Volk unterrichtet wird in der Ausübung seiner Rechte, in der genauen Befolgung seiner Pflichten gegen die Gesellschaft und die Regierung, welche sie sich gegeben und welcher der Stifter der christlichen Religion selber Unterwürfigkeit und Gehorsam zu erweisen empfohlen hat? Werden euere Kirchen dadurch entheiligt, daß in ihnen die Gesetze verlesen werden, die fortan euerm Handeln zur Richtschnur dienen sollen, wie solches geschehen ist und noch geschieht in den meisten wohl eingerichteten Staaten, welches auch immer die dort herrschende Religion sein möge! Gewiß, ihr glaubet nicht, daß euere Kirchen entweiht werden durch die gleichzeitige Ausübung zweier verschiedener und entgegengesetzter Culte, wie eine solche ja in mehren Gemeinden dieses Landes üblich ist, deren Bewohner zum Theil katholischer, zum Theil protestantischer Religion sind; warum sollen dieselben nun entweiht werden, wenn Franzosen sich in denselben versammeln, um die Vorträge einer gesunden Moral anzuhören, Auf-

munterungen zur Ausübung der Tugenden und
darin die Bande der Brüderlichkeit zu knüpfen?
Jedoch, lasset euch hier nicht täuschen, Bewohner von Trier;
lernet die Geistlichen unterscheiden von der Religion selbst, mit
welcher sie sich stets zu identificiren suchen. Es ist nicht die
Liebe zu ihrer Religion, die sie antreibt, so zu handeln, sondern
ihr Haß gegen die Republik, der sie treibt, jede Gelegenheit zu
benützen, alle ihnen mögliche Mittel anzuwenden, dieselbe
verhaßt zu machen; sie wissen, daß die republikanische Regie=
rung ohne das Vertrauen des Volkes nicht bestehen kann, und
deswegen trachten sie diese Grundlage zu unterwühlen." In
dem weiteren Verlaufe ergeht sich das Publikandum in furcht=
baren Drohungen gegen die Bürger, wenn etwa nur die
geringste Störung der Ruhe vorkommen, irgend ein Angriff
auf Franzosen bei einer Feierlichkeit in jener Kirche statt=
finden sollte.

Verwunderlich genug, daß die Republikaner, die dem
Christenthum entsagt hatten, jetzt eine christliche Bürgerschaft
darüber belehren wollten, was Entheiligung einer Kirche sei
und was nicht! Trotz der pathetischen Ansprache der Regierung
an die Bürgerschaft, worin man diese zu beruhigen und nebenbei
mit Mißtrauen gegen die Geistlichkeit zu erfüllen suchte, mußte
doch von jedem Unbefangenen das, was die Republikaner jetzt
in der Dreifaltigkeitskirche vorgenommen hatten, als eine
Entweihung derselben angesehen werden. Zwar
waren jetzt noch die Möbel und die ganze innere Einrichtung
dieser Kirche unberührt geblieben. Dagegen aber hatten die
Republikaner in der Mitte der Kirche, an den Staffeln, welche
zum Hauptchore führen, das Bild der neuen Göttin
Vernunft, d. i. eine sehr indecente weibliche Statue mit
entblößten Brüsten, aufgestellt, an deren Füßen Kohlpfannen
standen, auf welchen Rauchwerke verbrannt wurden. Auf der
Kanzel war eine dreifarbige Fahne (roth=weiß=blau) aufgesteckt
und wurden von derselben jetzt republikanische Reden gehalten,
die von Verachtung und Fanatismus gegen alle Ordnung der
Dinge, wie sie in Staat und Kirche bestanden, strotzten.
Unmöglich konnte die Geistlichkeit und das Volk zu Trier

neben solch einem Culte in der Dreifaltigkeitskirche ferner noch
den christlichen Gottesdienst abhalten, selbst wenn die republi=
kanische Regierung dies zugelassen hätte ¹⁰).

So stand es mit der Dreifaltigkeitskirche am 13. September
1798. Unterdessen nahete der 23. September heran, der erste
Vendemiaire, der Neujahrstag nach dem republikanischen
Kalender, der mit großer Festlichkeit zur Erinnerung an die
Gründung der Republik gefeiert wurde. Tages vorher (den
22. September), wo in dem christlichen Kalender das Andenken
des h. Martyrers Mauritius verzeichnet ist, geschahen nun die
Vorbereitungen zu jenem großen republikanischen Feste in der
Dreifaltigkeitskirche und unter diesen auch die Entfernung alles
dessen, was bisher noch zur Abhaltung des christlichen Gottes=
dienstes gedient hatte. So wurden denn die Altäre, die
Beichtstühle, die Bilder, die hh. Reliquien und die Kanzel

---

¹⁰) Diese republikanischen Begehungen waren unmittelbar vor der
Occupation der Dreifaltigkeitskirche, wie oben gesagt, in dem Promotionssaale
gehalten worden. Ein Augenzeuge schildert uns die für den neuen Dienst
getroffene Einrichtung jenes Saales folgendermaßen. „Unter der Catheder,
wo ehedem der Promotor stand, befand sich jetzt das gemalte Bild eines
republikanischen Maire's, wie er umstehenden aufmerkenden Dorfleuten von den
neuen Sachen (der republikanischen Freiheit, Gleichheit und Brüderlichkeit)
mit Empfehlung und Rührung redete. Zur rechten Seite der Catheder stand
eine fünfzehn Fuß hohe Pyramide, und oben darauf das republikanische Weibs=
bild, welches in der herabgelassenen rechten Hand den Stäbebündel mit hervor=
ragendem Beil — die alten römischen Fasces —, in der hoch erhobenen Linken
einen Spieß hielt und darauf oben die Wilhelmtellische (Jacobiner=) Freiheits=
mütze. Am Fuße dieser Pyramide lagen gemalt der fürstliche Churhut mit
dem Schwerte, das erzbischöfliche Kreuz mit dem Pallium und dem Bischofs=
stabe, auf welchen ehrwürdigen und heiligen Dingen nackte und mit Eichen=
laubkränzen behängte Kinder tanzten. . . . . Zur linken Seite der Catheder
sah man eine mit Helm und Lanze versehene, halb entblößte Weibsperson,
die sich vorbeugend gegen einen unten liegenden mit kirchlichen Gewändern
bekleideten Priester und um ihn her umgeworfene heilige Insignien und Gefäße
die Zunge (höhnisch) ausstreckte". Der Präfekt d'Ormesville hat danach
diese bubenhafte Verspottung der Religion beseitigen lassen. Ist dieses letztere
Beiwerk, die Kriegsgöttin Bellona mit ihrer rohen Verhöhnung des Heiligsten,
auch nicht in die Dreifaltigkeitskirche aufgepflanzt worden, so beweist doch die
Aufstellung derselben im Promotionssaale, wessen die Republikaner gegen die
Religion in anderer Weise auch in der Dreifaltigkeitskirche fähig waren.

hinausgeschafft; die Stukaturarbeiten über den Seitenchören des h. Franziskus Xaverius und des h. Ignatius wurden herabgehauen und das Innere der Kirche bis auf die Sitzstühle ausgeweidet. Auswendig der Thüre, linker Seite, befand sich in einer Mauernische ein großes Crucifix und oben auf dem vordern Dachgipfel ein starkes Kreuz von Stein; jenes wie dieses wurde weggenommen.

So war nun die Dreifaltigkeitskirche ihres christlichen Charakters beraubt, war durch Leere und Trostlosigkeit geeignet, ein „**Vernunft**"= oder „**Dekadentempel**" zu sein und zu heißen. Höchst bedeutungsvoll betete die Kirche, beteten die Priester zu Trier an jenem Tage (des h. Mauritius) in dem Eingange der Messe die Worte aus dem 78. Psalm: „Deus, venerunt gentes in haereditatem tuam, polluerunt templum sanctum tuum etc." — d. i. „**O Gott, es sind die Heiden in Dein Erbtheil eingebrochen und haben entweiht Deinen heiligen Tempel u. s. w.**"

Von jenem Tage ab wurden nun ausschließlich republikanische Feste in jener Kirche gefeiert. Die zu diesem Zwecke getroffene Einrichtung kennen wir bereits; wir müssen nunmehr aber auch den Inhalt und den Geist der Festreden, die von den Republikanern im „Dekadentempel" gehalten wurden, kennen lernen. Die Namen der Männer jedoch, die sich von dem süßen, aber giftigen Tranke jener republikanischen „**Freiheit, Gleichheit und Brüderlichkeit**" hatten berauschen lassen und als Festredner in dem Dekadentempel aufgetreten sind, werde ich in dieser Darstellung gänzlich verschweigen, um die noch lebenden Nachkommen ihrer Familien nicht zu betrüben. Nur mit einem Redner werde ich hierin eine Ausnahme machen, aus dem Grunde, weil seine Rede und was auf dieselbe erfolgt ist, demselben zur Ehre gereicht und zugleich geeignet ist, den Geist näher zu bezeichnen, von dem die französischen Republikaner jener Zeit getrieben wurden.

Gemäß dem zu Trier gedruckten republikanischen Kalender für das VII. Jahr der Republik (vom 23. Septbr. 1798 bis 22. Septbr. 1799) waren Nationalfeste:

Am 1. Vendemiaire das Fest der Gründung der Republik;

am 1. Pluviose (21. Januar) das Fest der Hinrichtung des letzten Königs;

am 30. Ventose (20. März) das Fest der Volkssouverainetät;

am 10. Germinal (30. März 1799) das Fest der Jugend;

am 10. Floreal (29. April) das Fest der Eheleute;

am 10. Prairial (29. Juni) das Fest der Erkenntlichkeit;

am 10. Messidor (den 28. Juni) das Fest des Ackerbaues;

am 9. u. 10. Thermidor (27. u. 28. Juli) das Fest der Freiheit;

am 10. Fruktidor (27. August) das Fest der Greise.

Außerdem wurden aus der Geschichte der Revolution „durch besondere Verfügung des gesetzgebenden Körpers jährlich gefeiert: den 21. Jänner Hinrichtung des letzten Königs; 14. Juli Eroberung der Bastille, den 10. August Gefangennehmung des Königs und den 18. Fruktidor (4. September) Entdeckung der Conspiration." Zu diesen Festen kam nun noch zu Trier besonders der 18. Februar (1799) als Gedächtnißtag der Einsetzung der neuen Behörden und in außerordentlicher Weise der 8. Juni als Trauertag wegen Ermordung der französischen Gesandten bei Rastatt. Endlich kamen hinzu die Dekadentage des ganzen Jahres (jeder zehnte Tag), die statt des christlichen Sonntags von den Republikanern gefeiert wurden, und auf die zum Theil auch die angeführten Feste gelegt waren. Dieselben oben angegebenen Nationalfeste sind auch noch in dem Kalender für das VIII. Jahr der Republik (1799 und 1800) verzeichnet. Indessen haben die Kalender für die Jahre IX, X und XI (1801—1803) nur mehr zwei Nationalfeste, jene der Gründung der Republik (Neujahr) und der Erstürmung der Bastille; die für die zwei folgenden Jahre (1804 u. 1805) haben gar keines mehr und mit 1806 hörte der ganze Spuk mit dem republikanischen Kalender und seinen Festen auf. Schon mit Ablauf des Jahres 1801 hatten jene Feste ihren

Reiz verloren und stand der Dekadentempel gänzlich verlassen, war beständig geschlossen und sah seit dem Abschlusse des Concordates zwischen Frankreich und Papst Pius VII in dem genannten Jahre seiner Rehabilitation zum christlichen Cultus entgegen. Vom September 1798 bis zu Ende des Jahres 1801 hat also die Periode der Dreifaltigkeitskirche als „**Vernunft- und Dekadentempel**" gedauert. Sehen wir uns näher an, was Alles in dieser Zeit in derselben aufgeführt worden ist.

Am 21. Januar 1799 wurde in dem Dekadentempel die Hinrichtung des Königs Ludwig XVI, der in der Geschichte als ein milder Regent bekannt ist, von den Republikanern festlich begangen, bei welchem ein Lied, gedichtet von dem Professor Wirz, gesungen wurde, dessen erste Strophe lautete:

> Da liegt mit Schand und Blut bedeckt
> Der letzte Kapet hingestreckt;
> Da liegt er seines Meineids Raub
> Herabgeschleudert in den Staub.

Am 20. März desselben Jahres wurde das Fest der Volkssouverainetät gefeiert. Ein Festzug, zu dem alle Schulen mit Lehrern und Schülern, Waisenkinder, Militär, Gendarmerie, die Regierungs-, Gerichts- und Municipalbehörden, Steuerbeamte, Aerzte und Angestellte ohne Ausnahme kommandirt waren, setzte sich auf dem Domfreihofe vor dem Sitze der Regierung in Bewegung auf den Dekadentempel zu. In der Mitte des Dekadentempels stand das Bildniß der Volkssouverainetät, auf dem Haupte das Symbol der Unsterblichkeit, in den Händen ein Ring und ein Zepter, als Symbole der **ewigen Herrschaft** (des Volkes). Das Bildniß des Volkes saß vor ihr, mit Eichenlaub und Lorbeeren gekrönt, in einer Hand Aehren, in der andern eine Wasserwage. Das Piedestal, auf welchem die beiden Statuen standen, war mit Elephantenköpfen, als den Sinnbildern der Stärke, umgeben. Zu ihren Füßen lag das Bild des Despotismus angekettet und neben ihm ein zerbrochener Dolch (als Zeichen seiner vernichteten Herrschaft). Vor diesen Statuen lag auf einer Halbsäule das Buch der Constitution und auf vier Fußgestellen umher brannten Wohlgerüche. In dem Hintergrunde stand die Pyramide des

1. Ventose, die Hinrichtung des Königs darstellend. Die Wände des Tempels waren mit verschiedenen Inschriften, die Rechte der Menschheit enthaltend, behängt. Studenten hielten die Fasces vor jenen Bildnissen gesenkt. Als der Zug eingetreten war, wurde eine Symphonie gespielt, dann folgte ein Lied und diesem eine französische und eine deutsche Rede. Hierauf verlas der Präsident der Centralverwaltung „die Rechte der Menschheit", der Commissär die „Pflichten des Bürgers", worauf wieder ein Lied folgte. Sodann zündete der besagte Präsident eine Fackel an, riß dem Bildnisse des Despotismus (des Königthums nämlich) verschiedene Schriften aus der Hand und verbrannte dieselben. Zum Schlusse folgte wieder eine Symphonie und allgemeiner Gesang. Unter Pauken= und Trompetenschall bewegte sich dann der Zug wieder zurück durch die Straßen auf den Freihof, wo er sich auflöste. Abends war Beleuchtung, Concert und die Nacht hindurch Ball **).

Eine eigenthümliche Feier hat am 8. Juni in dem Dekadentempel stattgefunden, veranlaßt durch die Ermordung der französischen Gesandten in der Nähe von Rastatt. Am 28. April waren nämlich die von Rastatt abreisenden drei französischen Gesandten des Abends um 9 Uhr unweit jener Stadt auf der Straße von Husaren theils zu Pferd theils zu Fuß überfallen, aus den Wagen gezogen und zusammengehauen worden. Diese Husaren hatten die Uniform der östreichischen Szekeler=Husaren, und diese standen um Rastatt, und sofort zweifelte Niemand auf die erste Nachricht von dem Vorgang daran, daß die östreichischen Husaren jene Greuelthat verübt hätten, und die Franzosen behaupteten, es sei geschehen auf ausdrücklichen Befehl des Commandanten Barbazy und dieser habe nach höchster Weisung des kaiserlichen Hofes gehandelt. Es ist nicht zu beschreiben, welches Wuth= und Rachegeschrei durch ganz

---

**) Fünf Wochen nach jener Feierlichkeit, den 24. April nämlich, wurde den Pfarrern der Stadt Trier angezeigt, daß sie unter Strafe von 500 bis 1000 Franken und einer Einkerkerung von 2 Monaten bis zu 2 Jahren sich nicht unterstehen sollten, feierliche Umgänge außerhalb der Kirchenmauern zu halten. So verstanden die Republikaner die Freiheit und Gleichheit!

Frankreich) und hier am Rheine von den Republikanern gegen das Haus Oestreich erhoben worden ist. Berichte in französischer und deutscher Sprache, in den furchtbarsten Beschuldigungen und Drohungen gegen das Kaiserhaus abgefaßt, wurden massenhaft unter dem Volke von allen Behörden verbreitet. An allen Regierungs- und Justizgebäuden, an den Häusern der Maire und Notäre und an allen öffentlichen Plätzen an den Straßenecken, Schulhäusern, Kirchenthüren, Klosterpforten, im Innern des Dekadentempels und in den Sitzungssälen aller Behörden waren Plakate in beiden Sprachen und mit großen Buchstaben angeheftet mit den Worten: „Rache, Rache! Tod dem Hause Oestreich"! Der zu Trier ausgegebene Bericht beginnt mit den Worten: „Die Oestreicher haben eine Greuelthat begangen, deren die barbarischsten Horden kaum fähig sind." Und einen solchen Bericht hatten alle Angestellte, selbst die Geistlichen, an den Dekadentagen öffentlich zu verlesen. Für die Begehung des Trauerfestes in dem Dekadentempel hat die Centralverwaltung folgende Anordnungen getroffen. Das Fest sollte Tages vorher Abends um 6 Uhr durch die größte Glocke der Stadt angekündigt und diese Glocke fortdauernd von Stunde zu Stunde bis um zehn Uhr Abends am Feste selbst angezogen werden, während alles übrige Geläute, unter welch immer für einem Vorwande, im ganzen Umfange der Stadt verboten war. In dem Dekadentempel war ein Trauergerüst aufgestellt, umgeben von Attributen und Symbolen, die sich auf die Ermordung der Gesandten bezogen, bloße Säbel, das zerrissene Völkerrecht, der zerbrochene Oelzweig des Friedens, der kaiserliche Adler, den der Blitz der Rache vernichtet, die den Schlachtopfern bestimmte Krone der Unsterblichkeit. Bei dem vom Freihofe aus stattfindenden Zuge in den Dekadentempel wurden zwei Urnen getragen [*]), die auf das Trauergerüst gesetzt wurden, Mädchen, weiß gekleidet mit schwarzen Schärpen, trugen Guirlanden von Ephen, Blumenkörbe und Salbungen, und Jünglinge trugen auf den Mord bezügliche Inschriften. Als

---

[*]) Es waren nämlich zwei der Gesandten todt geblieben, Bonnier und Roberjot, während Debry nur verwundet worden.

der Zug im Dekadentempel angekommen war, wurden eigens gedichtete Lieder gesungen, Reden gehalten und das Manifest des französischen Direktoriums mit Rache-, Racherufe gegen das Haus Oestreich verlesen, Epheuzweige wurden auf die Urnen gelegt und letztlich die erste und die letzte Strophe der Marseillaise gesungen*[1]).

Ein Lied wurde gesungen, unter der Ueberschrift: „Rache gegen Oestreich", dessen erste Strophe:

> Germanien! so stolz auf deine Treue,
> Erröthe vor der Schmach, die dich bedeckt!
> Des Völkerrechtes ewig-heil'ge Weihe,
> Selbst von Barbaren immer unbefleckt,
> Ist nun von Oestreichs feilen Mörderknechten
> Auf deinem Boden fürchterlich entweiht.
> Germanien! was kann von allen Rechten
> Dem heilig sein, der diese Schmach nicht scheut?

Ein andres Lied, gedichtet von Stammel und auf Befehl der Regierung gedruckt und im Dekadentempel gesungen, hebt an:

> Hier in diesen Todeshallen
> Fasset Grausen mein Gebein!
> Tief ist Hermanns Sohn gefallen!
> Rache! soll des Säuglings Lallen,
> Rache! unsre Loosung sein!
>
> Teufel würgten Engel nieder!
> Blutig trieft der Friedenszweig!
> Hört ihr letztes Stöhnen, Brüder!
> Rache! tönt's vom Nordpol wieder,
> Rache! bis zum Höllenreich!

Ein drittes Lied, gedichtet von Gaud, ebenfalls auf Befehl der Regierung gedruckt und ausgetheilt im Publikum, läßt sich also vernehmen.

---

*[1]) Das gedruckte Programm des Zuges und der Feier im Dekadentempel, ungefähr 4 Ellen lang, liegt mir vor und ist dasselbe mit so vielen und schrecklichen Racherufen angefüllt, die im Zuge in großen Inschriften getragen und in dem Dekadentempel unter dem Rauschen der Kriegsmusik ausgestoßen wurden, daß jetzt noch den Leser dabei ein Grausen überläuft.

Fluch auf souveraine Verbrecher.

Fluch den gekrönten Ungeheuern!
Die wollusttrunken in Palästen,
Erpressend überspannte Steuern
Mit feilen Dirnen sich vom Volksschweiß mästen. u. s. w.

Ein so entsetzliches Rachegeschrei, wie damal von den Pyrenäen bis an den Rhein, vom Canal bis an die Alpen, in Berichten, Plakaten, Inschriften, Reden und Gedichten, auf den Straßen in feierlichen Umzügen und in den Dekadentempeln über die Ermordung der zwei französischen Bevollmächtigten bei dem Congreß zu Rastatt erhoben worden, ist noch nicht erhört worden seit die Welt steht. Und die Männer, die dies Rachegeschrei erhoben haben, waren dieselben, welche alljährlich am 21. Januar die Ermordung des Königs von Frankreich als eine höchst preiswürdige That mit allem möglichen Pompe in denselben Dekadentempeln feierten. Allerdings würde es eine himmelschreiende Verletzung des Völkerrechtes gewesen sein, wenn der Anschlag zu dem Gesandtenmorde von der kaiserlichen Regierung ausgegangen wäre, wie die Republikaner sie sofort beschuldigten. Allein die östreichische Regierung war ganz unschuldig daran, ebenso unschuldig das Szekler-Husaren-regiment. Schon bei der ersten Untersuchung stellte sich heraus, daß die Gesandten von den Mördern in französischer Sprache angeredet worden waren, während in jenem Husarenregimente kein Einziger ein Wort französisch verstand. Einen Monat nach der That war auch schon in deutschen Zeitungen zu lesen, daß es Franzosen selber gewesen, die, verkleidet als Szekler-Husaren, den Mord verübt hätten, und waren sogar ihre Namen genannt. Aber, gesetzt den Fall, östreichische Husaren hätten die That verübt gehabt, so hatten alle Republikaner, die die Ermordung Ludwig XVI als eine preiswürdige That feierten, kein Recht mehr, jenen Gesandtenmord als ein fluchwürdiges Verbrechen zu brandmarken.

Sehen wir uns nun auch einige der Reden an, die im Verlaufe der Jahre 1799 bis 1801 in dem Dekadentempel gehalten worden sind.

Ein Redner tritt auf, spricht von einem „Vaterlandsaltare",

um den sich Menschen schaaren, von dem „Buche des Gesetzes", das darauf liegt, und von „Volkssouverainetät", die da „Quelle alles Glückes" sei. Ein Anderer tritt auf, setzt in einer langen Rede ein „**Denkmal den Wohlthätern des Menschengeschlechts**", und nachdem er eine Reihe historisch merkwürdiger Männer aufgeführt hat, wie Moses, Solon, Lykurg, Plato, Gutenberg, Luther u. A., weiset er am Schlusse auch noch hin auf Den, vor dem sich beugen sollen die Kniee Aller, die da sind im Himmel, auf der Erde und unter der Erde, nennt ihn aber gar nicht mit seinem Namen, sondern paraphrasirt ihn nach der Stadt seiner Kindheit. Ein Andrer wieder handelt über „**Vaterlandsliebe**" und sieht, wie überhaupt alle Sprecher jener Zeit hinter sich nur **Despotismus** in den frühern Regierungen und **Sklaverei** der Unterthanen, vor sich ein Paradies von **Freiheit** und **Glückseligkeit**. Sie merkten nicht, daß Jenes — Verläumdung, Dieses — kindische Illusion war.

Noch ein Andrer läßt sich, ohne Ankündigung eines eigentlichen Thema's, vernehmen: „**Seit Jahrhunderten bereitete in Frankreich die Philosophie den Sturz des Altares und des Thrones vor**" — und preist dann eben dieses als das schönste Glück der Menschen; sodann ergeht er sich in rohen Lästerungen gegen den hingerichteten König, Lügen auf Lügen häufend in schäumender Wuth, und schleudert Schimpf und Schande gegen den Adel, die Geistlichkeit und die Kirche.

Weiterhin hören wir einen andern Redner über „**die Unsterblichkeit handeln**". Dieser ist wenigstens frei von blindem Fanatismus gegen die Vergangenheit; das Thema bot auch dazu zu wenig Anhaltspunkte. Dagegen aber ist auch von Offenbarung, Religion, Glauben, Gott, mit keiner Sylbe Rede. An der Hand des Philosophen Kant redet der Mann von einem „**sittlichen Gesetzgeber**", von der „**Vernunft**", und daß die Vernunft gute Handlungen belobe und einen Lohn dafür in der Zukunft in Aussicht stelle. Das ist die Unsterblichkeit.

An dem Jahrgedächtniß der Einsetzung der republikanischen

Behörden trat ein Redner auf, um das Glück zu schildern, das die Republik gebracht habe. Bevor er aber die „unschätzbaren Vortheile" des Uebergangs aus einem regime oppressif unter eine „freie Regierung" darstellen will, sucht er vorher seine Mitbürger „gegen die Einflüsterungen" von Menschen sicher zu stellen, die sie zu verführen und ihnen Bedauern über den stattgehabten Regierungswechsel einzuflößen suchten. Er findet es insbesondre nöthig, zu erklären, daß die Franzosen nicht ohne Religion seien, da sie alle Religionen tolerirten (!), — und nun geht es an ein Rühmen der Toleranz in hohlen Phrasen eines gedankenlosen Liberalismus. Jene Menschen — er meint damit besonders die Geistlichen — sagten: Die Könige und Fürsten seien legitim, hätten die Gewalt von Gott. Dies sei aber Betrug; denn die königliche Gewalt sei aus Ehrgeiz, Herrschsucht, Raubsucht und andern gemeinen Lastern entsprungen; in dem Ursprunge der Könige sehe man „die Krönung des Verbrechens und der Grausamkeit" („le crime et la cruauté couronnés").

Endlich tritt wieder ein Mann am 14. Juli 1801 — dem Gedächtnißtage der Erstürmung der Bastille — auf und hält eine Lobrede auf die Revolution als den Umsturz des Despotismus und Gründung der Freiheit und der Republik. — Der Schluß aller Reden war stehend: „Es lebe die Republik!"

Wenn uns nach diesen Andeutungen aus den Reden und über die Feste in dem Dekadentempel noch ein Zweifel über die Gesinnung und den Geist der damaligen Wortführer und Machthaber übrig geblieben wäre, so müßte uns ein Vorgang mit dem jüdischen Arzte Lion Bernkastel volle Gewißheit geben. Auch dieser wurde einmal aufgefordert, im Dekadentempel eine Rede zu halten. Bernkastel leistete Folge, wurde aber dann in eine Strafe von 50 Franken verurtheilt, weil er in seiner Rede mehrmal ehrfurchtsvoll und andächtig von Gott Erwähnung gethan hatte [42].

---

[42] Es war dies der durch seinen biedern Charakter und seine Milde und Wohlthätigkeit gegen die Armen noch in gutem Andenken stehende Arzt

Die Republik neigt sich zum Untergang. Der „Dekadentempel" sieht seine Befreiung nahen (1801—1803).

In dem Frieden von Lüneville (vom 9. Februar 1801) ist das von den Franzosen seit 1794 eroberte linke Rheinufer an Frankreich gesetzlich abgetreten und mit diesem vereinigt worden. In demselben Jahre am 15. Juli hat Frankreich ein Concordat mit dem päpstlichen Stuhle abgeschlossen, durch welches der katholische Cultus in Frankreich wieder hergestellt und die rechtlichen Zustände der Kirche für den ganzen Umfang der damaligen französischen Republik, also auch der vier neuen Departemente auf dem linken Rheinufer, bestimmt und geregelt wurden. Dieser feierliche Frieden mit der bisher verachteten und mißhandelten Religion und Kirche war den Republikanern ein Wink, daß sie sich fortan bedeutend zu mäßigen hätten. Und siehe da, das mir vorliegende gleichzeitige Tagebuch über die Begebenheiten zu Trier berichtet vom 14. Juli 1801, wo das Fest der Erstürmung der Bastille gefeiert wurde: „Um 11 Uhr war ein feierlicher Aufzug der Beamten und Angestellten in dem Dekadentempel, wo einige Reden gehalten wurden. Dieser Aufzug war aber nicht mehr so zahlreich und feierlich, wie in den vorigen Jahren". Und über die Feier des 1. Vendemiaire, des republikanischen Neujahrs, am 23. September (1801) berichtet dasselbe Tagebuch. „Am 23. September Morgens von 7 bis 8 Uhr wurde das Fest des republikanischen Neujahrs mit allen Glocken der Stadt eingeläutet. Abends war Concert und Ball, übrigens den ganzen Tag still und kein feierliches Gepränge, wie in den vorigen Jahren". Aus dem Jahre 1802 hat das Tagebuch keine einzige Begehung mehr in dem „Dekadentempel" zu berichten; die Kirche war und stand geschlossen.

Bernkastel, der zu Anfange der dreißiger Jahre zum Christenthum übergetreten und c. zehn Jahre danach in hohem Alter zu Trier gestorben ist. Weil jener Vorgang ihm zu großer Ehre gereicht, habe ich keinen Anstand genommen, seinen Namen zu nennen.

Am 19. September trat bereits der neue Bischof für Trier, Carl Mannay, ein; der ganze republikanische Cult hatte ein Ende; Napoleon, obgleich selber Republikaner, hatte sich überzeugt, daß sich mit jenem Culte wohl niederreißen, aber nichts aufbauen lasse.

Der Bischof Carl Mannay begann sogleich nach seinem Eintritt zu Trier die Circumscription des Bisthums, die dann am 5. März 1803 beendigt und von dem Gouvernement genehmigt war und am 19. Juni in den Kirchen publicirt worden ist. Während der Bischof mit dieser Circumscription beschäftigt war und diejenigen Kirchen, welche ihm für die concordatsmäßige Einrichtung der Diöcese gesetzlich zustanden, von denjenigen ausschied, die in Folge der Aufhebung der Klöster als Domänengut veräußert werden sollten, wandte sich die Unterrichtsjury der Centralschule unter dem 31. Januar 1803, in der Besorgniß, es könnte vielleicht der Bischof die Dreifaltigkeitskirche zu einer Pfarrkirche bestimmen, an den Präfekt d'Ormechoille, mit der Erinnerung, daß diese Kirche kein öffentliches, sondern ein Privateigenthum des Collegiums sei und also dieser Unterrichtsanstalt nicht entzogen werden dürfe. Der Präfekt, dem die Rechtszuständigkeit und Unentbehrlichkeit dieser Kirche für die Lehranstalt nicht unbekannt war, fand es überflüssig, etwas weiter zu thun, als dem Bischofe jenes Schreiben im Original zur Kenntnißnahme zu überschicken, mit dem Bemerken, der Bischof werde es wohl auch unzweckmäßig finden, jener Kirche eine andre Bestimmung zu geben als die, jener Lehranstalt zu dienen, der sie angehöre [43]).

---

[43]) Die beiden betreffenden Aktenstücke sind während der langjährigen Verhandlungen und des Prozesses über das Eigenthumsrecht an die Dreifaltigkeits- oder Jesuitenkirche unbekannt geblieben, weil sie in einen Aktenfascikel im Archiv verlegt worden waren, wo man sie nicht vermuthet und nicht gesucht hat. Erst nach Abschluß des Vergleiches zwischen dem Seminarium und dem Gouvernement sind dieselben dem Verfasser in die Hände gefallen; und da sie für die Geschichte dieser Kirche nicht ohne Wichtigkeit und die übrigen Akten sämmtlich im Drucke erschienen sind, so mögen jene beiden ebenfalls noch zur Vervollständigung hier eine Stelle finden.

Diese Erinnerung an die Bestimmung und Zuständigkeit jener Kirche war für den Bischof aber nicht nöthig gewesen. Ihm stand nach dem Concordate, den organischen Artikeln und dem Consularbeschlusse (vom 9. Juni 1802) der rechtliche Anspruch auf die zu einem Seminar dienenden Gebäude zu, also auf das Wohngebäude und die Kirche des Seminars, wie es früher bestanden hatte, und konnte es bei ihm nicht mehr fraglich sein, welche Bestimmung er bei Einrichtung des Bisthums der Dreifaltigkeitskirche zu geben habe. Indessen war der Bischof mit der Einrichtung des Seminars noch nicht so weit vorangeschritten, daß er dasselbe jetzt schon hätte eröffnen und die Kirche für dasselbe in Benützung nehmen können. Aber dem Gottesdienste ist dieselbe bald nach jener Correspondenz des Präfekten mit dem Bischofe übergeben worden.

La commission administrative des fonds de l'instruction publique
Trève le 11. Pluviose an XI.
Au général Ormechville Préfet de la Sarre

Citoyen Préfet!

Comme en disposant pour le culte public des différentes églises de la ville Il seroit possible qu'on voudroit egalement disposer au même but de celle du Collége, nous croyons devoir vous observer que cette église n'est pas une proprieté publique, mais particulière de l'ecole, et qu'en en disposant l'interêt de l'etablissement dont l'administration nous est confiée y doit être pris en consideration.

Salut et respect
(Sig.) Gatterman. Wyttenbach. Fritsch. Baur.

Das Begleitschreiben des Präfekten bei Uebersendung des vorstehenden an den Bischof lautet:

Trèves le 12. Pluviose an XI.

Monsieur L'évêque!

J'ai l'honneur de vous envoyer en original la lettre de la commission administrative des fonds de l'instruction publique, relative à l'église du Collége dite des Jesuites. Ne trouverez vous pas qu'il y aurait de l'inconvénient à donner à cette édifice une destination étrangère à l'etablissement auquel il appartient?

J'ai l'honneur de vous saluer respectueusement
(sig.)
Ormechville.

Die neue Einrichtung und Einweihung der Dreifaltigkeitskirche (1803). Wiederbeziehung durch das Seminar (1805).

Während der Zeit der Entweihung unsrer Kirche zu einem Dekadentempel, mehr aber noch nach Verschließung derselben seit dem Aufhören der republikanischen Begehungen, wo dieselbe verlassen und wie herrenlos dastand, hatten die Kinder ihren Muthwillen durch Einwerfen der Fensterscheiben an ihr ausgelassen. Entweiht von den gebietenden Herren hatte die Kirche auch ihren ehrfurchtgebietenden Charakter in den Augen der Kinder verloren. Die Bürgersodalität, die früher ihren Gottesdienst in dieser Kirche gehabt, die Nachbarschaft, die immer, wegen der bequemen Lage, eine besondre Vorliebe für dieselbe gehegt hatte, mochten die Eröffnung des Seminars nicht abwarten und erboten sich beim Bischofe, die nöthigsten Reparaturen und Einrichtungen aus eigenen Mitteln zu bewerkstelligen, um die Kirche möglichst schnell für den Gottesdienst eröffnen zu lassen. Dem Bischofe wie nicht minder der Regierung war dies Anerbieten sehr willkommen und beschloß daher der neue Präfekt Keppler unter dem 20. Juni 1803: „Die an die Gebäude des frühern Seminars und Collegiums, gegenwärtig die Centralschule, anstoßende Dreifaltigkeitskirche ist zur Verfügung des Herrn Bischofs gestellt, zur Abhaltung des Gottesdienstes u. s. w."

Hierauf begann die Reparatur der Fenster und andrer Schäden der Kirche. Aus der Kirche des eben aufgehobenen Agnetenklosters wurde ein Altar zum Hochaltar genommen; zu Seitenaltären wurden genommen jene des h. Erzengels Michael und der h. Elisabeth aus der Michaelspfarrkirche an dem Elisabethhospitale bei St. Maximin und wurden zu den Seiten aufgestellt, wo früher der Muttergottes- und der Schutzengelaltar gestanden hatten. Eine Orgel wurde erst später beschafft, nachdem das Seminar die Kirche wieder bezogen hatte (1805). Nach jener nothdürftigen Herrichtung der Kirche hat der Generalvicar v. Hontheim dieselbe am 25. September 1803 wieder eingeweiht und so dem Gottesdienste übergeben.

Inzwischen hatte der Bischof Verhandlungen mit dem Cultminister Portalis und dem Präfekten Keppler gepflogen behufs der Ausscheidung und Uebergabe jener Gebäude und Güter, die früher dem Seminar gehört hatten und ihm in Gemäßheit des Concordats für die neue Einrichtung des Bisthums, rücksichtlich des Seminars, zustanden, gegenwärtig aber sich in dem faktischen Besitze der Centralschule befanden. Unter dem 23. Frimaire des Jahres XII der Republik (den 15. Dez. 1803) erfolgte diese Ausscheidung und damit die Uebergabe der Dreifaltigkeitskirche an den Bischof für das neue Seminar und am 21. Februar 1804 die Uebertragung der Seelsorge in der Seminariumskirche an den Professor Maybaum durch den Bischof Carl Mannay. „Im Herbste des Jahres 1805 wurde endlich das Priesterseminar wieder eröffnet und die Dreifaltigkeitskirche feierlich von demselben bezogen. Das mehr erwähnte gleichzeitige Tagebuch berichtet darüber. „Im Monat September wurde das seit der Ankunft der Franzosen verlassene geistliche Seminar nochmal eröffnet und nach seiner Bestimmung bewohnt. Am 17. November wurde deswegen in der Kirche der hh. Dreifaltigkeit, die bisher zu einem Dekaden=tempel gedient hatte, in Beisein des Herrn Bischofs, ein Te Deum gesungen. Es waren aber zur Zeit noch nicht mehr als 9 Seminaristen, die sich dem geistlichen Stande widmen wollten, gegenwärtig."

Bereits unter dem 9. November hatte der Bischof durch eine eigene Verordnung die ihm übergebene Dreifaltigkeitskirche von allem Pfarrverbande eximirt und dieselbe dem neu errichteten Diöcesan=Seminar überwiesen, hatte die Besorgung der Kirche dem Superior des genannten Seminars übertragen, indem er ihm die Fakultät ertheilt, den Alumnen die Sakramente zu spenden und alle pfarramtlichen Rechte über sie auszuüben.

Es waren die Mitglieder der Bürgersodalität gewesen, welche sogleich nach Wiedereröffnung dieser Kirche 1803 dieselbe für den Gottesdienst aus eigenen Mitteln hatten herstellen lassen. Insbesondre war die in derselben nunmehr aufgestellte Kanzel ein Eigenthum dieser Sodalität, und war es daher ganz billig, daß ihr die Benützung der Kirche für ihre besondern

Gottesdienste — an den Marienfesten nämlich — von dem Seminar zugestanden wurde. Ebenso hatte die Junggesellen-Sodalität einen eigenen Altar in der Kirche und war auch dieser Mitbenützung derselben gestattet. Daraus erhellet schon, daß diese Kirche, jetzt wieder wie früher, eine der besuchtesten und beliebtesten der Stadt gewesen ist, theils wegen ihrer bequemen Lage in Mitte der Stadt, theils wegen der vielen Genossenschaften, die ihre bestimmten Gottesdienste darin hatten. Daher erfahren wir denn auch in einem Schreiben des General-vicars Corbel vom 18. Juli 1816, „daß diese Kirche, die von Privaten in jüngerer Zeit mit schweren Kosten in brauchbaren Stand gesetzt worden, dem Seminarium zur nöthigen Uebung der Seminaristen diene, dieser und der Studenten des Collegiums eigene Pfarrkirche sei; daß die Bürger- und die Junggesellen-Sodalitäten ihren Gottesdienst darin haben und daher öfter an einem Tage zwei Predigten darin gehalten werden; daß endlich wegen größerer Anzahl von Geistlichen in dem Seminar und in dem Collegium die hh. Sakramente der Buße und des Altars für die Stadt und die Umgegend häufig darin ausgespendet werden und dieselbe überhaupt an Werk- wie an Sonntagen fleißig besucht werde wegen des Gottesdienstes, den man stets darin finde." Auch wurde, wie in den übrigen Kirchen der Stadt, das monatliche Gebet in dieser Kirche das Jahr hindurch gehalten, und zwar an sechs Sonntagen; ebenso die ewige Anbetung am 9. Januar jeden Jahres. In gleicher Weise läßt sich die Verwaltungscommission des Seminars in einem Schreiben im Sommer 1818 über die Beliebtheit dieser Kirche, gegenüber der erzwungenen Einführung eines Simultaneums für die protestantische Gemeinde, vernehmen. „Welche Liebe man für diese Kirche hatte, zeigte sich alsbald nach der Rückgabe (1803); denn da es an Mitteln fehlte, dieselbe zum Gottesdienste gehörig einzurichten, kamen die Bürger der Stadt mit vieler Freude entgegen, stellten die schier nicht mehr existirenden Fenster und das Dach her, schafften vier Altäre, ließen Stühle repariren, gaben Ornamente, schenkten die zum Gottesdienste nöthigen Paramente, welche bei den Katholiken beträchtliche Summen erfordern."

Alles dessen ungeachtet erfolgte nunmehr eine abermalige Verdrängung des Seminars aus dieser Kirche, ähnlich jener im Sommer des Jahres 1798.

Die Dreifaltigkeitskirche wird der evangelischen Civil- und Militärgemeinde überwiesen, wird „evangelische Kirche" (1819—1856).

Da wir hier die Denkwürdigkeiten der Dreifaltigkeitskirche seit ihrer Entstehung im dreizehnten Jahrhunderte bis zu ihrer Restauration und Wiederbeziehung durch das Seminar im Jahre 1860 in chronologischer Reihenfolge zur Anschauung bringen wollen, so können wir den Zeitraum vom Jahre 1818 bis 1856 nicht ganz mit Stillschweigen übergehen. Da indessen die denkwürdigen Vorgänge mit der Kirche während dieser Periode in Druckschriften ausführlich dargelegt, außerdem auch den meisten unsrer Leser aus eigenen Erlebnissen bekannt sind, und wir auch nicht unnöthigerweise alte vernarbende Wunden wieder aufreißen wollen, so werden wir uns hier auf eine kurze und einfache Angabe jener Data beschränken, an denen wir nicht vorbeigehen könnten, ohne den Faden der Geschichte unsrer Kirche fallen zu lassen.

Das Eigenthumsrecht des Seminars an die Dreifaltigkeits= kirche anerkennend hat die Regierung seit dem 12. Januar 1816, zuerst um einstweilige Einräumung derselben zum protestantischen Gottesdienste, sodann um den Mitgebrauch derselben (Simul= taneum) bei der geistlichen Behörde angestanden. Eine, auch nur einstweilige, Einräumung konnte natürlich nicht zugestanden werden, weil das Seminar und das Gymnasium selber die Kirche nöthig hatten; ebenso war ein Mitgebrauch für den protestantischen Gottesdienst ohne bedeutende Beschränkungen und Störungen des katholischen nicht zu ermöglichen. Außerdem verboten auch die hier zu Lande geltenden Gesetze die Einführung von Simultaneen [**]). Der Remonstrationen ungeachtet wurde

---

[**]) Es ist leider nur zu bekannt, wie die Simultaneen überall, wo solche seit langer Zeit bestehen, fast ununterbrochene Reibungen, Streit, Prozesse und

unter dem 12. Februar 1818 usu facti das Simultaneum von oben bekretirt, wurden das Schiff, die Orgel und die Glocken der Kirche für den protestantischen Gottesdienst an allen Sonn- und (protestantischen) Festtagen, mit Ausnahme des Charfreitags, von halb 10 bis 12 Uhr in Anspruch genommen.

Auf Grund einer Ministerialverfügung vom 27. Juli 1818 wurde weiterhin auch der Gebrauch der Kirche von 1 Uhr bis 3 Uhr an den Nachmittagen der Sonn- und Festtage in Anspruch genommen. Darauf erfolgte am 25. Februar 1819 durch eine königliche Cabinetsordre die gänzliche Ausweisung des Seminars und des katholischen Gottesdienstes aus der Dreifaltigkeitskirche und Uebergabe an die evangelische Gemeinde, die am 5. Mai ihren Einzug in dieselbe gehalten hat. Von diesem Zeitpunkte an ergingen fortwährend Reclamationen der Kirche von Seite der Katholiken bis zum Tode des Bischofs v. Hommer im Herbste 1836. Die Veröffentlichung aller Aktenstücke und der aktenmäßigen Geschichte der Kirche im Sommer 1838 in einer eigenen Schrift hat allenthalben eine so gewaltige Sensation erregt, daß im königlichen Cabinete unter dem 2. März 1839 beschlossen wurde, eine eigene Kirche für die evangelische Gemeinde zu erbauen und die Dreifaltigkeitskirche an das Seminar zurückzugeben. Die Erbauung einer eigenen Kirche für die Evangelischen wurde aber erst im Jahre 1845 in Angriff genommen und hat sich bis in den Herbst 1856 in die Länge gezogen, während welcher Zeit der Verjährungstermin herannahete, vor dessen Eintreffen das Seminar unter dem 23. Dezbr. 1848 durch gerichtliche Aufkündigung und Klage sein Recht sicher zu stellen suchte. Unter dem 11. Juni 1856 „erklärte das königliche Landgericht zu Trier, in erster Instanz zu Recht erkennend, das bischöfliche Priester-Seminar zu Trier als Eigenthümer der daselbst gelegenen Jesuiten- oder Dreifaltigkeitskirche u. s. w."

Feindseligkeiten mit sich führen. An dem hergebrachten That- und Rechtsbestande konnte die französische Gesetzgebung nichts ändern; dagegen aber hat sie weise gehandelt, indem sie Einführung von Simultaneen da, wo bisher keine bestanden, verbot. Le même temple ne pourra être consacré qu'à un même culte. Art. org. 46.

Die Fortsetzung des Prozesses am Appellhofe zu Cöln wurde sistirt, als am letzten Sonntage des Monats September (1856) der König Friedrich Wilhelm IV, der Erbauer der Basilika oder (neuen) Salvatorkirche, nach Trier kam, um durch Allerhöchst Seine Anwesenheit die Uebergabe dieser Kirche an die Evangelischen und die feierliche Beziehung zu verherrlichen. In Anbetracht der Geschichte der Dreifaltigkeitskirche seit 1819 bis 1856 und des Standes des Prozesses darüber einerseits, wie der Geschichte der Erbauung der Basilika andrerseits, konnte man billig erwarten, daß der feierlichen Uebergabe dieser an die Evangelischen wenigstens eine einfache Rückgabe jener an das Seminar und die Katholiken zur Seite gehen oder doch unmittelbar folgen würde. Diesen billigen Erwartungen wurde aber nicht entsprochen, sondern es wurde nur die Anzeige gemacht, „daß der Minister der geistlichen Angelegenheiten ermächtigt sei, dem Bischofe als Vertreter des bischöflichen Seminars die bisher von der evangelischen Gemeinde benützte Jesuitenkirche zu überweisen, unter Verzichtleistung auf das landesherrliche Besitzrecht, und nur mit dem Vorbehalte, daß dieselbe von der katholischen Militärgemeinde mitbenützt werden dürfe".

Wir brauchen unsern Lesern die Gründe nicht auseinanderzusetzen, aus denen die Ueberweisung mit solchen Modalitäten und Bedingungen als unannehmbar erscheinen mußte. Monate lang wußte man daher nicht, was aus der Sache werden würde, bis in der Fastenzeit des Jahres 1857 ein königlicher Commissarius nach Trier kam, zwischen dem und dem Bischofe die Angelegenheit durch einen Vergleich geschlichtet worden ist.

In Anbetracht der nahe vierzigjährigen Entbehrung der Kirche sind in dem Nachsommer des Jahres 1859 dem Seminar, nebst dem Inventar der Kirche, dreitausend Thlr. von Sr. königlichen Hoheit dem Prinz-Regenten überwiesen worden.

Restauration der Dreifaltigkeitskirche (1857—1860).

Bei der Uebergabe der Kirche im Frühjahre 1857 befand sich dieselbe im Innern und im Aeußern in einem sehr desolaten Zustande, ähnlich jenem nach der Dekadenperiode im Jahre 1803. Das Dach war äußerst schadhaft, die Decke des linken Seitenchores durchgefault und das Gewölbe des Hauptschiffes im Chore und über dem Eingange bedenklich gerissen. Außerdem waren die Fenster des Hauptchores alle vermauert und stand an der Stelle des Hochaltares ein Orgelhaus, und die Kanzel an dem rechten Eckpfeiler des Hauptchores, wo sie füglich nicht bleiben konnte. Eine gründliche Restauration der Kirche erschien daher nothwendig, bevor sie von dem Seminar bezogen werden könnte, und da eine solche einmal unerläßlich war, so beschloß das Seminar, zugleich auch die baulichen Entstellungen derselben aus früherer Zeit zu beseitigen und die Kirche, so viel möglich, dem ursprünglichen Style entsprechend herzustellen. Mit der Aufstellung und Ausführung des Restaurationsplanes wurde der Baumeister Herr König betraut, der das Werk im Frühsommer begonnen und seine Aufgabe im Verlaufe dreier Jahre zu großer Zufriedenheit gelöst hat.

Vorerst wurde im Innern und Aeußern der Kirche, was aus späterer Zeit herrührte und den Bau entstellte, oder was für den katholischen Gottesdienst nicht an seiner Stelle war, entfernt. So wurde das Glockenthürmchen über dem Portale, das Orgelhaus im Chore, der Singchor über dem Eingange abgerissen, die Kanzel an der rechten und der Taufstein an der linken Chorecke beseitigt. An der Hauptecke am Gymnasium war die Mauer durchbrochen und ein Einbau in die Kirche gemacht, der theilweise als Küche benützt wurde und unbedingt weggeräumt werden mußte, um die Symmetrie des Baues wieder herzustellen und die Mauer wieder zu ergänzen. Eine häßliche Entstellung der Kirche im Aeußern war auch der Treppenanbau an dem nördlichen Seitenchore und wurde durch Entfernung deßselben und Einsetzung von zwei Fenstern auch die Symmetrie mit dem rechten Seitenchore wieder hergestellt.

An dem Hauptchore wurde die geschmacklose Stuccaturarbeit herabgehauen, über dem Eingange die Vermauerung des großen Portalfensters ausgeworfen und ein neues, reich verziertes gothisches Fenster eingesetzt und das alte Portal gereinigt. Eine zweite Restaurationsarbeit bestand in Herstellung des Schadhaften im Aeußern und Innern der Kirche. So wurde das Dach fast ganz erneuert, ein ganz neuer Fußboden gelegt durch die ganze Kirche und die Decke über dem linken Seitenchore, die stellenweise durchgefault und herabgefallen war, hergestellt. Die Mauerdurchbrechungen in den Seitenschiffen, wo früher Beichtstühle eingesetzt gewesen waren, wurden wieder ergänzt. Ferner wurden bedeutende Beschädigungen an Pfeilern, Gurtbogen, Bogenrippen und Gurtengesimsen wieder hergestellt; ebenso an den Strebepfeilern im Aeußern. Imgleichen wurde alles Hauwerk im Innern von der Tünchverklecksung befreit und der größte Theil der Kirche neu verputzt, da der alte Verputz schadhaft war, und dabei auch das Grabmahl der Elisabeth von Görlitz offen gelegt, verputzt und in den schadhaften Stellen wieder ergänzt.

Ihre Hauptverschönerung erhielt die Kirche aber durch die Einsetzung neuer gothischer Fenster in den Seitenschiffen und im Chore und die neue Verglasung sämmtlicher Fenster. Durch Aufführung von zwei neuen Schlußmauern in den Seitenchören wurde die Längensymmetrie im Innern wiederhergestellt und den Seitenöffnungen im Chore durch Spitzbogen eine stylgemäßere Form gegeben. Die Orgel erhielt nunmehr ihre Stelle auf dem rechten Seitenchore. Behufs der Benützung des Ueberbaues des linken Seitenchores wurde zwischen der ursprünglichen und der neuen Schlußmauer eine frei stehende hölzerne Treppe aufgeführt. Endlich wurden drei Altäre von Hausteinen, in dem Haupt- und den Seitenchören, aufgeführt.

Da die Kirchen des Minoritenordens — eine solche ist ja die Dreifaltigkeitskirche ursprünglich gewesen — vorschriftsmäßig keinen Glockenthurm haben, sondern bloß einen sogenannten Dachreiter über dem Chore, so wurde der Kirche auch wieder ein solcher aufgesetzt, und zwar nach einer so gelungenen Zeichnung des Herrn Baumeisters König, daß derselbe als eine Zierde der Kirche zu betrachten ist. Im Verlaufe des Sommers 1859 wurden zwei neue Glocken für die Kirche von den Gebrüdern Mabilon zu Saarburg gegossen; die größere, den Ton ut gebend, 5¼ Zentner wiegend, ist der Muttergottes geweiht und hat die Umschrift: S. Maria. Dignare me laudare te virgo sacrata: (H. Maria. Würdige mich, dich zu loben, heilige Jungfrau). Fratres Mabilon me fuderunt anno 1859. Die kleinere, den Ton re gebend, 3¼ Zentner schwer, ist dem h. Carl von Borromäo, dem Patron des Seminars, geweiht und hat die Umschrift: S. Carolus Borromaeus. Deum laudando consumor: (Gottes Lob' ich ganz mich weihe). Fratres Mabilon me fuderunt anno 1859.

Die gemalten Glasfenster im Chore. Die Altäre. Die Kanzel. Die Communikantenbank. Die Beichtstühle und die Kirchenstühle.

Da die Kirche ursprünglich in dem gothischen Style gebaut und jetzt wieder in diesem Style restaurirt worden ist, so war es angemessen, wenigstens in den Chorfenstern, die Zierde mittelalterlicher Kirchenbauten — Glasmalereien — anzubringen. Hierbei war nur das Eine zu bedauern, daß von den sieben Chorfenstern die zwei äußersten zur rechten Seite durch den anstoßenden Querflügel des Gymnasialbaues verdeckt sind, wodurch die Symmetrie in der Lichtvertheilung gestört ist. Die drei mittleren Fenster erhielten Bildwerke, die zwei äußeren zur Linken dagegen nur Ornamente in Glasmalerei. Bei der Auswahl der Bildwerke ist zum Theil die Geschichte, zum Theil die specielle Bestimmung der Dreifaltigkeitskirche maßgebend gewesen. In dem äußersten Felde zur Linken ist der h. Franziskus von Assisi angebracht, der Stifter des Ordens der Minoriten, welche sogleich nach ihrer Niederlassung zu Trier diese Kirche erbaut und bis 1570 in Besitz gehabt haben. Er hat ein Crucifix in der Hand, das stehende Attribut dieses mit seraphischer Liebe in die Betrachtung des Leidens Christi vertieften Heiligen. In einem runden weißen Feldchen über seinem Haupte befindet sich ebenfalls ein Kreuz mit Verzierungen. Auf dem Bilde selbst ist in seiner Seite, an Füßen und Händen die Stigmatisation zu sehen.

In dem äußersten Felde zur Rechten ist der h. Ignatius von Loyola, Stifter des Jesuitenordens, der diese Kirche von 1570 bis zu seiner Auflösung 1773 in Besitz gehabt hat. Als Symbol hat er über sich in einem weißen Feldchen den Namenszug Jesu **).

Zunächst neben dem h. Franziskus von Assisi befindet sich das Bild des h. Augustinus, des größten Kirchenlehrers, ein Herz über ihm, sein Symbol in der Ikonographie. Er ist Schutzpatron der Theologen und ist als solcher in einer Seminarkirche zweckmäßig angebracht.

Zunächst neben ihm befindet sich der h. Carl von Borromäo, Cardinal und Erzbischof von Mailand, der Vorgänger in Gründung von Priesterseminarien nach Vorschrift und im Geiste des Kirchenrathes von Trient und als specieller Patron des von dem Erzbischof Clemens Wenceslaus gegründeten Priesterseminars der Trierischen Diöcese.

Das vierte Bild von der Linken ist der h. Franz von Sales, Bischof von Genf, mit dem Auge Gottes als Symbol über sich. Er gilt als Vorbild eines eifrigen Seelenhirten. Auf einem Spruchbande hat er die schönen Worte aus einem

---

**) Diesen Namenszug Jesu, bestehend aus den Anfangsbuchstaben der wunderbaren Erscheinung am Himmel, die den Kaiser Constantin zum Siege über Maxentius geführt hat, In Hoc Signo (vinces), trägt der h. Ignatius häufig in strahlender Sonne auf der Brust. Diese historische Herleitung jenes Namenszuges bleibt in vollem Rechte bestehen, wenn die Buchstaben auch anders gelesen werden, nämlich Iesus Hominum Salvator (Jesus, Erlöser der Menschen). Wenn die Jesuiten später auch noch so gelesen haben — Iesum Habemus Socium (wir haben Jesum zum Genossen), so ist diese Erklärung hineingetragen, nicht ursprünglich gegeben, da der Namenszug weit älter ist, als der Jesuitenorden. Diesem Namenszuge Jesu fügte der Jesuitenorden gewöhnlich auch jenen der seligsten Jungfrau hinzu; und ebenfalls ein beliebtes Symbol dieses Ordens war ein mit drei Nägeln durchbohrtes Herz, entweder die Kreuzigung bezeichnend, indem es controvers, ob vier, oder nur drei Nägel angewandt worden, oder auf die drei göttlichen Tugenden, Glaube, Hoffnung, Liebe hinweisend.

seiner Briefe: Post celebrationem missae Deus me mihimet ipsi abstulit, ut sibi me jungeret et deinde populo me daret; traxit me ex eo, quod eram, ut essem totus et horum et Ipsius; b. i. „**Nach der Feier der Messe hat Gott mich mir selber genommen, um mich mit sich zu vereinigen und sodann mich dem Volke zu geben; Er hat mich von mir abgelöst, damit ich ganz dem Volke und Ihm angehörte.**"

Das Bild endlich zwischen diesem und dem h. Ignatius ist der h. Thomas von Aquin, der größte Theologe des ganzen Mittelalters. Er hat als Symbol eine Taube über sich, als das Zeichen der göttlichen Erleuchtung, von der die wunderbaren Tiefblicke in die göttlichen Dinge in seinen Schriften Zeugniß ablegen.

Die gesammte Glasmalerei in den fünf Chorfenstern wie auch in dem großen neuen Portalfenster ist ein Werk des Glasmalers Böhm in München. Die drei Fenster mit den Bildwerken kosteten ein jedes tausend Gulden; die zwei Fenster mit Ornamenten zur linken Seite sind nach Quadratfuß berechnet, der Fuß zu je c. 30 Gulden.

Die Altäre, die Kanzel, mit den Bildern und Ornamenten, und die Beichtstühle sind ein Werk des Bildhauers und Malers Gumsheimer aus Trier, der sich durch diese mit großem Fleiße und Kunstsinne ausgeführten und höchst gelungenen Arbeiten ein bleibendes Verdienst erworben hat. Dem Baustyle der Kirche entsprechend sind alle diese Arbeiten in gothischem Style gehalten und in Uebereinstimmung mit der Glasmalerei in den Chorfenstern mit reichen Verzierungen in Schnitzwerk, Fialen und Farbenschmuck ausgeführt. Die Bilder auf den Altären, die Kanzel und alle Ornamente an denselben bis in die einzelnsten und kleinsten Theile und Verzweigungen des reichen Blätterwerkes sind aus Holz geschnitzt.

Der Hochaltar hat an seiner Vorderseite die Bilder der Apostel, auf Goldgrund gemalt, an der vordern Langseite neun und an den Nebenseiten auf jeder zwei Bilder. Ueber der Mitte des Altartisches erhebt sich ein Tabernakel in Form eines Schreines für das Allerheiligste und darüber ein hohes Crucifix,

Kreuz und Christusbild aus Holz gearbeitet und reich verziert in Gold und Farbenschmuck. Rechts und links des Tabernakels sind drei Stufen zur Aufstellung der Leuchter angebracht mit reichem Blätterwerk aus Holz geschnitzt.

Der Altar in dem linken Seitenchore ist der Muttergottes geweiht. Auch auf diesem Altare ist ein Tabernakel für das Allerheiligste angebracht und darüber erhebt sich die sitzende Madonna mit dem Jesukinde auf dem Schooße, eine Nachbildung des bekannten Cölner Dombildes. Links und rechts dieser hohen Statue in der Rückwand stehen zwei Engel auf Postamentchen, jeder einen Palmzweig in der Hand haltend. Ueber dem Haupte des Muttergottesbildes wölbt sich ein Baldachin, reich in Gold- und Farbenschmuck, wie der Hochaltar behandelt.

Der Altar auf der rechten Seite ist dem Patron und Vorbild der studirenden Jugend, dem h. Aloysius, geweiht. Das Bild dieses Heiligen steht in einer Nische mit Consol und Spitzbogen über dem Altartische. An den Seiten der Nische, die mit reichem Blätterwerk verziert ist, erheben sich zwei Fialen.

Die neue Kanzel ist wieder an der Stelle angebracht, wo dieselbe unter den Jesuiten und später bis zum Jahre 1819 gestanden hatte, an dem ersten Pfeiler auf der Epistelseite. Der Predigtstuhl bildet ein Oktogon, und hat in den Füllungen, die in Spitzbogen gehalten sind, die Bilder der vier Evangelisten. Die Kanzeldecke ist in ihrem Ansatze ebenfalls achtseitig und läuft dann in reichen Verzierungen mit Schnitzwerk thurm- oder baldachinförmig aus.

Auch die Beichtstühle, auf jeder Seite zwei, sind in Spitzbogen, dem Baue und der ganzen innern Einrichtung der Kirche entsprechend gehalten. Ebenso sind die Communikantenbank und die Kirchenstühle einfach gehalten, aber in ihrer Weise dem Style des Ganzen entsprechend.

Die Minoriten hatten, nach Vorschrift ihres Ordens keinen Glockenthurm an ihren Kirchen; das Gelübde der Armuth sollte auch in der Einfachheit und Bescheidenheit ihrer Gotteshäuser einen Ausdruck haben. Daher ist denn auch die

Dreifaltigkeitskirche, weil ursprünglich von den Minoriten erbaut, ohne Glockenthum, ein Beweis mehr für die zu Eingange dieses Schriftchens von uns vertheidigte Ansicht, daß diese Kirche nie Pfarrkirche gewesen sei. Dieselbe hatte bis zum Jahre 1820 ein kleines Thürmchen über dem Chore, einen sogenannten Dachreiter, in welchem sich zwei Meßglöckchen befanden. Ein solches Thürmchen hat dieselbe jetzt, ungefähr an der frühern Stelle, erhalten, und ist diesem auch in dem goldenen Hahn das bekannte Symbol einer katholischen Kirche aufgesetzt. Der Hahn ist das Sinnbild der Wachsamkeit und des Lichtes und sinnbildet daher über der Spitze der Kirchthürme die Verkündiger der christlichen Wahrheit. „Der Hahn über der Kirche, schreibt Wilhelm Durand, bezeichnet die Prediger. Denn der Hahn ist wachsam in tiefer Nacht und theilt durch sein Krähen die Stunden ab, weckt die Schlafenden auf und kündigt den nahenden Morgen an; zuerst aber weckt er sich selber durch Schlagen mit den Flügeln auf. Dies Alles ist nicht ohne sinnvolle Bedeutung. Die Nacht nämlich ist dieses Erdenleben; die Schlafenden sind die Kinder dieser Welt; der Hahn sind die Prediger, die verständlich predigen und die Schlafenden aufwecken, damit sie ablegen die Werke der Finsterniß, rufend: Wehe denen, die schlafen; stehe auf, der du schläfst! Sie kündigen das kommende Licht an, indem sie den Tag des Gerichtes und die künftige Herrlichkeit verkünden. Und wohl thun sie daran, daß sie, bevor sie Andren die Tugend predigen, sich selber aus dem Schlafe der Sünde aufwecken. Auch thun sie, wie ebenfalls der Hahn, indem sie sich gegen den Wind kehren, dadurch nämlich, daß sie mit Rügen und Zurechtweisen den Widerspänstigen sich kräftig entgegensetzen, damit es nicht scheine, als wollten sie beim Herannahen des Wolfes die Flucht ergreifen" **).

In diesen Worten des gelehrten Bischofs von Mende zu Ende des dreizehnten Jahrhunderts ist der Hahn als Symbol des katholischen Predigers hinreichend gerechtfertigt; und dient derselbe auf der Spitze der Kirchenthürme zugleich auch als

---

**) Durand., Rationale div. offic. libr. I. c I. n. 88.

Windfahne, so ist er aber doch keine Windfahne, unterscheidet sich vielmehr wesentlich von einer solchen, indem er sich nicht dem Winde nach, sondern gegen den Wind kehrt und diesen gerade in's Auge faßt. Und darin ist er eben auch mahnendes Sinnbild für den Prediger, den herrschenden Zeitgeist in's Auge zu fassen, um die darin verborgenen Versuchungen und Gefahren für den Glauben und das Seelenheil der anvertrauten Heerde zu erkennen, aufzudecken und davor zu warnen.

Schluss.

Werfen wir einen flüchtigen Rückblick auf die bisherige Geschichte der Dreifaltigkeitskirche, so müssen wir gestehen, daß dieselbe im Verlaufe von sechshundert und einigen zwanzig Jahren gar mannigfaltige Schicksale erfahren, vielerlei Dinge, heilige und unheilige, in ihren Räumen hat vorgehen sehen. Als sich geistliche Söhne des h. Franziskus von Assisi um das Jahr 1223 hier niederließen und diese Kirche zu erbauen anfingen, also um dieselbe Zeit, wo auch der Bau der Liebfrauenkirche begonnen wurde — daher wohl auch die Aehnlichkeit der Portale an diesen beiden Kirchen —, hatte der Franziskaner-Orden sich noch nicht getheilt in strenge Observanten, deren Häuser an der absoluten Armuth festhielten, und in Conventualen, die ihren Klöstern einiges Vermögen gestatteten; sondern es galt noch das von dem Ordensstifter aufgestellte Gesetz allgemein unter seinen Ordensgenossen, daß, sowie der einzelne Mönch gemäß dem Gelübde der Armuth in allen Mönchsorden kein Eigenthum besitzen durfte, so auch im Franziskanerorden die Klöster selbst als Genossenschaften kein Eigenthum haben, sondern einzig von Almosen der Gläubigen leben sollten. Demnach wird denn auch die Kirche unsrer Minoriten zu Trier aus milden Beisteuern der Gläubigen unsrer Stadt und Diöcese erbaut worden sein. Geräuschlos und bescheiden war die Thätigkeit der Minoriten und herrschte, so lange sie diese Kirche besaßen, klösterliche Stille in ihr und um sie her. Viel belebter wurde sie und ihre Umgebung, seit dieselbe den Jesuiten übergeben worden und nunmehr verschiedene gottesdienstliche Handlungen, Predigten und Catechesen das Volk in großer Menge aus der Stadt und von dem Lande anzogen, und auch die Schulen der studirenden Jugend in das erweiterte Collegium verlegt wurden, die nicht allein ihren Gottesdienst, sondern auch ihre Schulfeierlichkeiten in dieser Kirche abhielten. Noch belebter wurde dieselbe, als, nach Aufhebung des Jesuiten=Ordens (1773) auch die Universität aus der Dietrichsgasse und 1779 das Priesterseminar in das anstoßende Collegium und den Clementinischen Flügel verlegt wurden. Seit dem Ausbruche der französischen Revolution ist es diese Kirche, welche den französischen Emigranten gastliche Aufnahme zur Abhaltung des Gottesdienstes gewährt und in deren Räumen zuerst die Schrecken und Schmerzen über die in Frankreich gegen Thron und Altar verübten Grenel einen Wiederhall gefunden haben. Sogleich nach dem Einrücken der republikanischen Truppen wird sie ihrer heiligen Gefäße beraubt und vier Jahre später trifft sie unter allen Kirchen der Stadt das Loos, zu einem sogenannten Dekaden= oder Vernunfttempel entweiht zu werden, in welchem nicht Religion, nicht Glaube und nicht Vernunft, sondern zügellose Leidenschaften das Wort führten und an heiliger Stätte den Greuel der Verwüstung setzten.

Als die Kirche nach wenigen Jahren in Gemäßheit des französischen Concordates, der organischen Artikel von 1801 und des Consularbeschlusses von 1802 dem katholischen Gottesdienste wieder zurückgegeben wurde, hatte sich auch an ihr bewährt, was schon der Heide Plutarch geschrieben hatte: „Leichter könnt ihr eine Stadt in die Luft bauen, als einen Staat ohne Religion gründen und erhalten;" es hatte sich bewährt, daß die Religion zur Gründung und Befestigung einer staatlichen Ordnung ebenso unentbehrlich sei, als die Revolutionäre dieselbe beim Beginne ihres Umsturzwerkes als hinderlich für ihren Plan erkannt und darum befeindet und in Frankreich geächtet hatten.

Allerdings ist auch die Periode der Geschichte unsrer Kirche von 1819 bis 1857 reich an Belehrung geworden, die aber im Interesse aller dabei Betheiligten besser erspart worden wäre. Nachdem im Jahre 1834 der damalige Oberbürgermeister und Laudrath Herr v. Haw sich in Berlin so viele Mühe um Rückgabe der Dreifaltigkeitskirche an die Katholiken gegeben hatte, hat der verstorbene Professor Martini ihm in einer lateinischen Ode feierlichen Dank dafür ausgesprochen; und in dieser Ode heißt es, zwar milde, aber bedeutungsvoll ausgedrückt:

Ac principem blandus reposcit,
Quod decuit tetigisse nunquam.

(„In einschmeichelnder Rede verlangt er zurück von dem Könige, Was besser nie angerührt worden wäre").

Möge von nun an Friede herrschen um diese Kirche, in ihren Räumen nur das Wort der Wahrheit, des Friedens, der Liebe und des Lobes des dreieinigen Gottes vernommen werden. Mögen die beiden ehernen Himmelsboten über dem Hochaltare in den Lüften schwebend ungestört die Gläubigen von Geschlecht zu Geschlecht einladen zur Anbetung des verborgenen Gottes in dem allerheiligsten Sakramente bis am letzten der Tage die Posaune in den Lüften erschallt und einladet zu unverhüllter Anschauung.